Leipzig
Musik-, Kultur- und Messestadt

Matthias Sachsenweger / Luise Holste

Leipzig

Musik-, Kultur- und Messestadt

Ellert & Richter Verlag

Inhalt

Vorwort

Mein Leipzig lob ich mir! Es ist ein klein Paris, und bildet seine Leute.

Johann Wolfgang von Goethe

Leipzig hat Tradition. Der Geschichtsschreiber und Bischof Thietmar von Merseburg erwähnte die „urbe Libzi" bereits 1015. Doch trotz der tausendjährigen Geschichte ist Leipzig innovativ, umtriebig, aufstrebend und eine pulsierende, lebensfrohe Stadt mit Perspektive. Früher war sie für Deutschland und Europa Taktgeber und Motor im Bereich Musik, Kunst, Wissenschaft, Verlagswesen, aber auch Vorreiter der Kaffeehaustradition und des engagierten Bürgersinns. Sie hat über Jahrhunderte hinweg Geistesgrößen aus ganz Europa angezogen. Hier liegt der Ursprung der Friedlichen Revolution von 1989. Seit der Wiedervereinigung von Ost- und Westdeutschland 1990 knüpft Leipzig wieder dort an, wo es den Faden nach zwei Diktaturen verloren hatte. Auch die Leipziger Messe, die seit 850 Jahren wie kein anderes gesellschaftliches Ereignis die Stadt reich gemacht hat und ihren Charakter bis heute prägt, hat sich international

Lipsiae Insignis Sax (Leipzig in Sachsen): Der Kupferstich nach Braun-Hogenberg zeigt eine Ansicht der wohlhabenden Messestadt um 1617. Bereits zu dieser Zeit war Leipzig kulturelles Zentrum und Mittelpunkt florierenden Handels in Europa, ehe es vor allem in der zweiten Hälfte des Dreißigjährigen Krieges (1618–1648) immer öfter zum Kriegsschauplatz wurde.

Rund 250 Stände locken all-
jährlich über zwei Millionen
Besucher in die historische
Kulisse des Leipziger Weih-
nachtsmarktes, der von
einem über 20 Meter hohen
Lichterbaum vor dem Alten
Rathaus überragt wird.

Rechts: Menschen aus aller
Welt kommen in die Tho-
maskirche, um dem Thoma-
nerchor zu lauschen. Seit
1212 singen die Knaben der
Thomasschule als Gegenleis-
tung für Schulbildung und
Unterkunft. Viele bekannte
Musiker, darunter Johann
Sebastian Bach, waren hier
Lehrer und Kantoren.

wieder einen Namen gemacht. Den Reichtum erkennt
man im Stadtbild, an den beiden Rathäusern, der Uni-
versitäts- und der Deutschen Nationalbibliothek, der
Universität und dem großzügigen Markt mit den stattlichen Bürgerhäusern, wo seit 1458 einer der schönsten Weihnachtsmärkte Deutschlands beheimatet ist.
Schon 2010 empfahl die renommierte *New York Times*
in dem Artikel „The 31 Places to Go" einen Besuch
Leipzigs, speziell den der ehemaligen Baumwollspinnerei. Diese hat sich nach ihrer Schließung zu einer
industrieromantischen Kulturfabrik mit zahlreichen
Künstlerateliers und Galerien gemausert, die ihresgleichen suchen. Früher war Leipzig eine Stadt mit Indus-
trie, heute ist es eine Stadt mit quicklebendigen Indus-
triebrachen. Sie zieht wie eh und je Künstler an, heute
sind es in erster Linie Maler mit einem neuen, eigenen

Die Alte Handelsbörse am Naschmarkt hinter dem Alten Rathaus, wo früher Lebensmittel und Obst verkauft wurden, ist Leipzigs schönster Barockbau. Davor steht das von Carl Seffner entworfene Denkmal des jungen Johann Wolfgang von Goethe. Zwei Medaillons am Sockel des Denkmals weisen auf seine Freundinnen aus der Leipziger Zeit hin: Das Porträt der Wirtstochter Käthchen Schönkopf befindet sich an der Ostseite, das von Friederike Oeser, der Tochter des Akademiedirektors, an der Westseite.

Malstil, der neuen Leipziger Schule. Früher waren es die Musiker: Hier komponierte Johann Sebastian Bach von 1723 bis 1750 und leitete den Thomanerchor, den außergewöhnlichen weltbekannten Kirchenchor der Thomaskirche. 1813 wurde Richard Wagner in Leipzig geboren. Felix Mendelssohn Bartholdy dirigierte von 1835 bis zu seinem Tod das Gewandhausorchester, einen der ältesten und berühmtesten Klangkörper der Welt, und machte die Stadt zum unumstrittenen musikalischen Mittelpunkt Deutschlands. Albert Lortzing führte hier 1842 die erste deutsche Nationaloper, den „Wildschütz", auf, Robert Schumann und seine Frau Clara Wieck hatten lange Zeit ihren Lebensmittelpunkt in der Sachsenstadt.

Mit über einer halben Million Einwohnern ist Leipzig eine der beiden großen sächsischen Metropolen und wie die Landeshauptstadt Dresden eine Stadt der Kunst: Es gibt kaum einen deutschen Denker, der nicht hier gewesen wäre, kaum einen Dichter, der sich von der Atmosphäre und seinen Bewohnern nicht hätte inspirieren lassen. Johann Wolfgang von Goethe war nicht der erste und nicht der letzte, der Leipzig und die Leipziger besungen hat. „Mei Leipzsch lob'sch mir" („mein Leipzig lob ich mir"), so sein berühmtes Zitat auf Sächsisch. Friedrich Schiller verbrachte hier möglicherweise das glücklichste Jahr seines Lebens und dichtete prompt seine Ode „An die Freude".

Seit jeher gibt es eine Rivalität zwischen Leipzig und Dresden: Mit größtem Argwohn schielen die Leipziger auf jene Stadt, in der alle Entscheidungen fallen. Und umgekehrt ist es wohl genauso. Beide sächsischen Metropolen nehmen sich in ihrer Bedeutung nichts, deshalb ist auch die Konkurrenz so groß: In der einen wird geherrscht, verwaltet, dort war der reiche Adel zu Hause; die andere ist geschäftig und betriebsam, hier weht der Wind der großen weiten Welt. Eine alte sächsische Weisheit besagt, dass das Geld in der Arbeiterstadt Chemnitz verdient, in der Messestadt Leipzig vermehrt und schließlich in der Residenzstadt Dresden ausgegeben wird. Als sich der sächsische Kurfürst August der Starke 1707 im Leipziger Rosenthal ein Lustschloss erbauen lassen wollte, wiegelten die Leipziger ab: Häufige Überschwemmungen, marodierende Räuberbanden, Mückenplage. August ließ es und Leipzig konnte Bürgerstadt bleiben.

An sich sind die Sachsen friedvolle und gemütliche Leute. Ihr Lieblingssatz im schönsten sächsischen Dialekt ist: „Jetzt mach mer's uns scheen gemiedlich." (Jetzt machen wir es uns schön gemütlich.) Aber sie

Kurfürst August der Starke stattete Leipzig vornehmlich zu Messezeiten Besuche ab. Das Porträt aus dem Jahr 1723 von seinem Lieblingsmaler Louis de Silvestre zeigt den Fürsten, der seit 1697 in Personalunion auch König von Polen und Großfürst von Litauen war, im Hofkostüm sowie mit der Schärpe des Ordens vom Weißen Adler.

Die stimmungsvoll beleuchteten Straßencafés im Barfußgäßchen gehören zu Leipzigs berühmt-berüchtigter Kneipenmeile „Drallewatsch", was auf Sächsisch so viel wie „etwas erleben" bedeutet. Hier treffen sich die Menschen und die Stühle der zahlreichen Bars, Kneipen und Gaststätten vermischen sich jeden Abend zu einem bunten Allerlei. Das von den Leipzigern scherzhaft als „Bermuda-Dreieck" betitelte Viertel kennt schon viele „Verschollene".

können auch energisch werden, wenn es um ihre Ehre und um die Gerechtigkeit geht. Einen gesunden Veränderungswillen und Spaß am Disputieren kann man ihnen auf keinen Fall absprechen. Daher ist es auch kein Zufall, dass der Sturz der DDR-Diktatur im Jahr 1989 nach denkwürdigen Gottesdiensten in der altehrwürdigen Nikolaikirche sowie disziplinierten Montagsdemonstrationen von Leipzig seinen Ausgang nahm und wegen seiner Friedfertigkeit beispiellos in der Geschichte Deutschlands ist. Seitdem nennt man Leipzig auch „Heldenstadt". Das ist aber sicher nicht auf dem Mist der Bewohner gewachsen, denn Pathos lieben die Sachsen nicht. Wohl aber Humor. Sie können herzhaft lachen, auch und gerade über sich. Dies kann man in den zahlreichen Kabaretts der Stadt allabendlich bestätigt finden. Die Leipziger sind eben Genussmenschen. Oft trifft man sich in einem der zahlreichen traditionellen Kaffeehäuser zu „Gaffee un Guchn" (Kaffee und Kuchen) oder in der lebendigen Kneipenszene auf einen Schluck Gose, der Leipziger Bierspezialität.

Das charmante Café-Restaurant „Bachstübl" im Thomaskirchhof 12 bietet seinen Gästen mit Blick auf das Bachdenkmal und die Thomaskirche ausgefallene Speisen und Getränke.

Nächste Doppelseite: Der Ausblick auf das City-Hochhaus, das Neue Augusteum, das Paulinum und das Krochhochhaus (von links nach rechts) hat eine vergleichsweise junge Geschichte: Das älteste Gebäude ist das 1927/28 erbaute Krochhochhaus, das City-Hochhaus folgte zwischen 1968 und 1972. Die im Zuge des Campusneubaus der Universität wieder errichteten Gebäude Augusteum und Paulinum wurden in diesem Jahrtausend fertiggestellt.

Als Leipziger machen wir der Stadt eine Liebeserklärung der besonderen Art und laden zu einer Entdeckungsreise ein, die zunächst auf einen Rundgang durch die historische Innenstadt führt, ehe wir einen Einblick in Leipzigs Geschichte und ihre wegweisende Rolle in Literatur, Musik und Kunst geben. Mit den Leipziger Gaumenfreuden machen wir Appetit auf mehr und bereiten Sie auf den sächsischen Dialekt und regionaltypische Redewendungen vor. Da die Sachsenmetropole die drittgrünste Stadt Deutschlands ist, kommt natürlich auch die Auen- und Seenlandschaft in und um Leipzig nicht zu kurz. Als besonderen Service geben wir am Ende des Buches in einem ausführlichen Informationsteil Tipps und Kurzerläuterungen zu den einzelnen Sehenswürdigkeiten Leipzigs. Ein detailliertes Personenregister inklusive Lebens- und Sterbedaten rundet die Lektüre ab.

Ein kultureller Rundgang durch Leipzigs Innenstadt

Ich war ganz benommen und möchte behaupten, dass, soweit Architektur und Stadtbild in Betracht kommen, nichts wieder in meinem Leben einen so großen, ja komisch zu sagen, einen so berauschenden Eindruck auf mich gemacht hat wie dieser … Weg vom Post- und Universitätsplatz bis in die Hainstraße.

Theodor Fontane

Leipzig liegt in der Mitte Deutschlands und ist dank schneller Zugverbindungen von allen Großstädten aus gut zu erreichen. Für einen Altstadtbummel ist der Hauptbahnhof, der nur wenige Schritte nordöstlich der Innenstadt liegt, der ideale Ausgangspunkt. Bereits 1839 wurde hier die erste deutsche Fernbahnstrecke eingeweiht: In drei Stunden und 40 Minuten konnte man nun bequem die 116 Kilometer nach Dresden reisen. Eine Postkutsche schaffte dagegen Mitte des 19. Jahrhunderts höchstens zehn Kilometer in der Stunde. Steht man heute vor dem flächenmäßig größten Kopfbahnhof Europas – allein die Frontseite des Bahnhofs hat eine Länge von fast 300 Metern –, fällt ein bemerkenswerter Dualismus auf: Es gibt zwei gewaltige Eingangshallen, zwei Wartesäle, zwei Seitenausgänge, zwei Freitreppen, alles ist gleich groß und peinlich

Im Vorfeld des 1915 eingeweihten Neubaus des Leipziger Bahnhofs (hier dargestellt auf einer Postkarte um 1915) gab es reichlich Diskussionen. Die Entscheidung des Leipziger Rats gegen den von der Verwaltung der Königlich Sächsischen Staatseisenbahnen favorisierten Durchgangsbahnhof macht den Leipziger Hauptbahnhof heute zum größten Kopfbahnhof in ganz Europa.

Der Leipziger Hauptbahnhof ist nicht nur wegen seiner außergewöhnlichen Architektur und Größe etwas Besonderes, sondern seine Promenaden beherbergen seit ihrer Eröffnung 1997 mit über 140 Geschäften zudem ein wahres Einkaufsparadies auf drei Etagen. Das „Kaufhaus mit Gleisanschluss" ist heute ein beliebter Treffpunkt.

genau proportioniert. Dies ist das Ergebnis eines regelrechten Eisenbahnkriegs zwischen der sächsischen und der preußischen Staatsbahn, die in Leipzig jeweils eigene Streckenrechte innehatten. So gab es bei der Einweihung des neuen Kopfbahnhofs 1915 einen sächsischen und einen preußischen Bahnhofsvorsteher, die sich zu genau festgesetzten Zeiten in der Mitte des Bahnhofs trafen, um einen reibungslosen Bahnverkehr zu gewährleisten. Ab 1996 wurde das mittlerweile denkmalgeschützte Gebäude aufwendig umgebaut, dabei wurde einiges aus der Entstehungszeit originalgetreu erhalten, vieles aber auch neu geschaffen. Auf drei Etagen entstanden neben über 140 Einzelhandelsgeschäften mit 30 000 Quadratmetern Verkaufsfläche Parkdecks für über 1000 Autos. Seitdem spricht man mit einem Augenzwinkern vom „Kaufhaus mit Gleisanschluss" – mittlerweile dank des 2013 neu erbauten, aus zwei 1438 Meter langen Röhren sowie vier unterirdischen Stationen in 18 Meter Tiefe liegenden City-Tunnels auch innerhalb Leipzigs schnell erreichbar.

LEIPZIG

Start

Hauptbahnhof

Tröndlinring

Löhrstr.

Nordstr.

Gerberstr.

Richard-Wagner-Str.

Willy-Brandt-Platz

Goerdelerring

Plauensche Str.

Brühl

Am Hallischen Tor

Nikolaistr.

Richard-Wagner-Str.

Romanushaus

Große Fleischergasse

Hainstr.

Katharinenstr.

Museum der bildenden Künste

Reichsstr.

Brühl

Goethestr.

Georgiring

Großer Joachimsthal

Stadtgeschichtliches Museum

Fregehaus

Böttchergäßchen

Reichsstr.

Nikolaistr.

Ritterstr.

Zum Arabischen Coffe Baum/ Kaffee-Museum

Kl. Fleischergasse

Barthels Hof

Alte Waage

Kaffeehaus Riquet

Opernhaus

Barfuß- gäßchen

Barthels Hof

Markt

Salzgäßchen

Schuhmacher- gäßchen

Dittrichring

Klostergasse

Alte Handels- börse

Goethe- denkmal

Nikolaikirche

Theater- passage

Krochhochhaus/ Ägyptisches Museum

Dittrichring

Altes Rathaus/ Stadtgeschtl. Museum

Nasch- markt

Speck's Hof

Thomaskirchhof

Thomasgasse

Grimmaische Str.

Grimmaische Str.

Augustusplatz

Königshaus

Peterstr.

Auerbachs Keller

Mädler-Passage

Neumarkt

Leibnizdenkmal

Mendebrunnen

Thomaskirche Bachdenkmal

Burgstr.

Gewand- gäßchen

Universität Leipzig

Thomaskirchhof

Bach-Museum/ Bosehaus

Sporergäßchen

Messehofpassage

Neumarkt

City-Hochhaus

Ratsfreischulstr.

Preußergäßchen

Städtisches Kaufhaus

Kupfergasse

Gewandhaus

Petersbogen

Peterstr.

Universitätsstr.

Europahaus

Stadthaus

Klingerhaus

Peterskirch- hof

Magazingasse

Moritzbastei

Martin-Luther-Ring

Lotterstr.

Markgrafenstr.

Schillerstr.

Schiller- denkmal

Schumanndenkmal

Neues Rathaus

Lenné-Anlage (Schillerpark)

Gellert- denkmal

Roßplatz

Roßplatz

Goerdelerdenkmal

Martin-Luther-Ring

Martin-Luther-Ring

Peterssteinweg

Grünewaldstr.

N

Trinitatiskirche

Harkortstr.

Richtung Bundesverwaltungsgericht

100 m

Messetreiben auf dem Brühl Anfang des 19. Jahrhunderts, hier auf einer Darstellung von Christian G. H. Geißler von 1822. 1420 erstmalig namentlich erwähnt, gehört der Brühl zu den ältesten Straßen der Stadt. Der Name verweist auf „sumpfiges Gelände", was sich aber eher auf die unwegsame Umgebung bezog. Über Jahrhunderte hinweg war sie die bedeutendste Straße Leipzigs und trug wesentlich zum Weltruf als Handelsmetropole bei.

Von der Westhalle des Hauptbahnhofs aus überqueren wir den mehrspurigen Willy-Brandt-Platz und befinden uns bereits innerhalb des alten Innenstadtrings. Hier in den Parkanlagen vor den ersten Geschäftshäusern stand im Mittelalter die Stadtmauer. Weiter geradeaus kommen wir in die verkehrsberuhigte Nikolaistraße, wo wir die nächste Straße nach rechts abbiegen und dann den Brühl entlanggehen. Er war als eine der ältesten Straßen der Stadt über Jahrhunderte Dreh- und Angelpunkt des internationalen Rauchwarenhandels – dem Geschäft mit gegerbten und noch nicht zu Pelz verarbeiteten Tierfellen –, der auch und gerade durch jüdische Kaufleute geprägt wurde. Nicht nur der Dichter Friedrich Schiller wusste Ende des 18. Jahrhunderts die Auswahl und erstklassige Qualität der Pelze zu schätzen. In einem Brief an den Verleger Georg Joachim Göschen schrieb er 1791: „Mein Arzt will durchaus, dass ich diesen Winter nie ohne Pelz ausgehe, und noch besitze ich keinen. In Leipzig, vermute ich, kann ich am besten dazu gelangen, und Sie sind wohl so gut,

Wie gewaltig die Schätze waren, die sich im Pelzlagerraum der Firma Lomer & Co. befanden, wird auf dieser Darstellung vom Anfang des 20. Jahrhunderts deutlich. Auf drei Etagen stapelten sich wertvolle Tierfelle aller Art, die nicht nur aus Westeuropa, sondern auch aus den Weiten Amerikas und Russlands stammten.

dies zu besorgen. Am liebsten ist mir Fuchs, weil ich ihn weder zu gut noch zu schlecht haben möchte …" Auch der Schriftsteller Karl May kaufte im Brühl 73 am 20. März 1865 einen wertvollen gefütterten Biberpelz für 72 Taler – allerdings auf Pump, da er knapp bei Kasse war – und versetzte ihn sogleich für zehn Taler im Leihhaus. Natürlich kam der Schwindel heraus und brachte ihm zusammen mit anderen Verfehlungen eine Gefängnisstrafe von 49 Monaten ein. Später wurde er zum meistgelesenen deutschen

Das Romanushaus an der Ecke Brühl/Katharinenstraße zählt zu den Hauptwerken der von Dresden beeinflussten Leipziger Barockarchitektur. Früher als Bürgerhaus genutzt, dient es heute als Geschäftshaus. In einer Nische des Eckerkers steht Hermes – im Römischen Merkur genannt –, der Schutzgott der Reisenden und Kaufleute, aber auch der Diebe und Kunsthändler.

Schriftsteller und musste sich um seine Finanzen keine Sorgen mehr machen.

Der Brühl führt uns zur hellen, zweifarbig gestalteten Fassade des Romanushauses, Leipzigs schönstem Barockpalais. Es wurde von Bürgermeister Franz Conrad Romanus, einem Günstling des sächsischen Kurfürsten August des Starken, von 1701–1704 in Auftrag gegeben. Romanus übernahm sich mit den Kosten, fälschte Ratsschuldscheine und musste den Rest seines Lebens bis zu seinem Tod 1746 in Festungshaft verbringen. In der Nische des Eckerkers steht seit einiger Zeit eine Hermesstatue, die vermutlich von Balthasar Permoser geschaffen wurde, einem der bedeutendsten Barockbildhauer, von dem auch der Skulpturenschmuck im Dresdner Zwinger stammt.

Vor dem Hermes biegen wir links in die Katharinenstraße ein. Sie war im 18. Jahrhundert mit über 30 Cafés das Zentrum von Leipzigs lebendiger Kaffeehauskultur. Leider wurde im Zweiten Weltkrieg die östliche Straßenseite durch Bomben zerstört. Jetzt befindet sich an dieser Stelle der gläserne Kubus des Museums der bildenden Künste. Der architektonisch interessante, quaderförmige Neubau des Berliner Architektenbüros Hufnagel/Pütz/Rafaelian beinhaltet Gemälde, Grafiken und Skulpturen vom Spätmittelalter bis zur Gegenwart. Auf der 7000 Quadratmeter großen Ausstellungsfläche werden auch Künstler der Alten und Neuen Leipziger Schule gezeigt, zum Teil

Im Herzen der Stadt und in spektakulärer Architektur zeigt das Museum der bildenden Künste Werke vom Spätmittelalter bis zur Gegenwart, unter anderem von Lucas Cranach (dem Jüngeren und dem Älteren), Peter Paul Rubens, Caspar David Friedrich, Max Beckmann, Neo Rauch und Max Klinger. Auch Klingers bildhauerisches Hauptwerk, eine überlebensgroße marmorne Plastik von Ludwig van Beethoven, hat hier einen Ehrenplatz. Der kubusförmige Glasneubau von 2004 greift mit den schon nach außen hin sichtbaren Höfen und Terrassen das Prinzip der Leipziger Passagen auf. Durch die verwendeten Materialien Glas, Sichtbeton, Muschelkalk und Eichenholz entsteht im Innern eine einmalige Weite mit vielfältigen Sichtachsen auf Kunstinstallationen und die Stadtlandschaft.

in Sonderausstellungen wie etwa zum 50. Geburtstag des Malers Neo Rauch, der mit seinem „magischen Realismus" als Wegbereiter der Neuen Leipziger Schule gilt. Im Museum befindet sich auch eine größere Sammlung des Bildhauers, Malers und Grafikers Max Klinger, einem der prominentesten Vertreter des Symbolismus.

Gegenüber vom Museum der bildenden Künste hat das Fregehaus mit seinen 16 Gauben und einem hochherrschaftlichen Erker glücklicherweise den Krieg überdauert und legt auch heute noch Zeugnis davon ab, wie gut es vor 300 Jahren den Leipziger Kaufleuten ging. In dieser Form erbaut wurde es um 1706/1707 von dem Kaufmann Gottfried Otto, seinen Namen hat es jedoch vom Bankier Christian Gottlob Frege II., der es 1782 erwarb. Er verhandelte 1806 im Namen des sächsischen Hofes mit Napoleon über die Höhe der Kontributionen und beglich die Schuld. Der sächsische Kurfürst Friedrich August III. verlieh ihm daraufhin den Titel „Kurfürstlich Geheimer Sächsischer Kammerrath". Auch Johann Wolfgang von

Das Fregehaus in der nördlichen Leipziger Innenstadt ist ein echter Blickfang. Der vierseitig um einen großen, fast rechteckigen Hof angelegte Gebäudekomplex wurde 1706/1707 vom Leipziger Ratsmaurermeister Johann Gregor Fuchs unter Einbeziehung älterer Bauteile für den Leipziger Kaufmann Gottfried Otto im Stil des Barock erbaut. Seit 1978 war es der Sitz des VEB Leipziger Denkmalpflege, der das Gebäude von 1980 bis 1986 sanierte, heute ist es ein Hotel.

Goethe war mit einem so wichtigen Mann befreundet. Bis 1945 beherbergte das Haus die Privatbank, heute ist hier ein Hotel untergebracht.

Der Torbogen rechts neben dem Fregehaus führt uns durch die relativ schmucklose Passage Der Große Joachimsthal in die Hainstraße, ebenfalls Schauplatz bedeutender Geschichte und beeindruckender Bürgerhäuser. An der Hausnummer 16–18 stand 1519 der Gasthof „Zum Birnbaum", in dem Martin Luther zur Leipziger Disputation Unterkunft fand. Nur wenige Häuser weiter in der Hainstraße 9 kommen wir an der 1705 gegründeten Adler-Apotheke vorbei. Sie kann auf einen berühmten Apothekergehilfen verweisen: Von April 1841 bis Februar 1842 arbeitete der spätere Schriftsteller Theodor Fontane hier und teilte sich als Einundzwanzigjähriger im Hinterhaus mit einigen Kollegen ein kleines Zimmer. Das jetzige Gebäude stammt aus dem Jahr 1908/1909, die Inneneinrichtung aus der Zeit des Jugendstils ist original erhalten. Die Hainstraße mit ihren beeindruckenden alten Bürgerhäusern vermittelt auch heute noch ein Bild vom alten Leipzig. Fontane schrieb dazu in seinen Erinnerungen: „Ich war ganz benommen und möchte behaupten, dass, soweit Architektur und Stadtbild in Betracht kommen, nichts wieder in meinem Leben einen so großen, ja komisch zu sagen, einen so berau-

schenden Eindruck auf mich gemacht hat wie dieser …
Weg vom Post- und Universitätsplatz bis in die Hainstraße."

Kurz hinter der Adler-Apotheke in Richtung Markt
liegt der letzte original erhaltene Durchgangshof in
Leipzig, der Barthels Hof. Von außen eher unschein-
bar, öffnet sich hinter der barocken Fassade ein großer
Gebäudekomplex mit vierstöckigen Häusern aus der
Mitte des 18. Jahrhunderts. Als Messehof gebaut,
herrschte hier damals ein reges Treiben. Im Erdgeschoss waren Geschäfte und Gastronomie untergebracht, darüber Büros und Wohnungen, und ganz
oben in den Speichern lagerten die Waren – noch zu
erkennen an den Flaschenzügen an den Hauswänden.
Der besondere Clou an diesem Baustil: Die Händler
mit ihren schweren Pferdefuhrwerken konnten ihre
Waren ausladen und dann die enge Passage ohne zu
wenden über eine andere Straße wieder verlassen.
Diese einzigartigen Passagen sind eine Besonderheit
Leipzigs. Es sind mehr als zwei Dutzend, die ein
geschlossenes überdachtes System von Wegen in der
Innenstadt bilden und in dieser Art und Komplexität

Die an der Außenwand der
Adler-Apotheke angebrach-
ten Darstellungen zeigen alte
Apothekensymbole wie ein
Destillationsgefäß zum Tren-
nen von Flüssigkeiten, eine
von Schlangen als Symbole
der Heilkunst umkränzte
Waage und einen Mörser für
die Arzneimittelherstellung.
Berühmtester Apotheker-
gehilfe war Theodor Fontane,
hier 23-jährig auf einer
Zeichnung von Georg Friedrich Kersting (um 1843).

Der Barthels Hof an der Ecke Hainstraße/Fleischergasse links um 1900 und rechts heute (Blick nach Osten): Von 1747 bis 1750 von George Werner im Auftrag des Kaufmanns Gottlieb Barthel erbaut, wurde er mit seiner barocken Hofarchitektur aus den Zeiten der Warenmesse bis 1997 behutsam saniert. Neben Wohnungen und Warenspeichern waren hier früher Kaufkammern und Ställe, darüber pompöse Festsäle untergebracht. Auch Johann Wolfgang von Goethe fiel die Enge des Hofes auf. Er beschrieb ihn als „himmelhoch umbauten Hofraum".

in Europa ihresgleichen suchen. Dabei sind die Passagen in Architektur, Entstehungszeit, Umfang und Charakter höchst unterschiedlich. Sie entwickelten sich meist im Gefolge der innerstädtischen Messehäuser zu Anfang des 20. Jahrhunderts aus ehemaligen Durchgangshöfen, bilden ein zusätzliches Wegenetz in einer Länge von etwa 2200 Metern und gestatten es den Passanten, auch bei Regen trockenen Fußes zu den meisten Plätzen der Stadt zu gelangen.

Wir biegen nach links in die Kleine Fleischergasse ein, in der sich heute die bekannteste Kneipenmeile, der „Drallewatsch", befindet. Der Name, der auf Sächsisch „etwas erleben" bedeutet, stammt von den Lesern der Leipziger Volkszeitung. Wer möchte, kann in der Nummer 4 im angeblich ältesten Kaffeehaus der Welt, „Zum Arabischen Coffe Baum", in dem auch ein Kaffee-Museum eingerichtet ist, eine Pause einlegen. Das

Gebäude stammt aus dem Jahr 1556, seit 1720 hatten hier berühmte Dichter, Komponisten und Universalgelehrte ihren Stammtisch.

Frisch gestärkt geht es über das Barfußgäßchen zum altehrwürdigen Markt, der sich zur Adventszeit in einen der schönsten Weihnachtsmärkte Deutschlands verwandelt, und das bereits seit 1458. An dieser Stelle kreuzten sich einst zwei wichtige europäische Handelsstraßen: die Reichsstraße (Via Imperii) von Norden nach Süden und die Königsstraße (Via Regia, heute Grimmaische Straße) von Westen nach Osten. Die gesamte Stadtanlage wurde um den Platz herum in Form von parallel zueinander verlaufenden Straßen

konzipiert. Dieses Straßennetz ist bis heute gut erkennbar. Zur Messezeit standen hier Planwagen und Verkaufsstände dicht gedrängt. Ihr Zentrum war die Ratswaage, die jetzige Alte Waage, die sich an der Ecke Markt/Katharinenstraße befindet. Alle Waren mussten gewogen und verzollt werden, den Erlös teilte sich die Stadt mit dem Kurfürsten. Der stattliche Renaissance-Bau der Alten Waage mit vierstufigem Volutengiebel und Sonnenuhr entstand 1555 unter der Leitung des Bau- und Bürgermeisters Hieronymus Lotter, der ein Jahr später auch das 90 Meter lange Alte Rathaus mit asymmetrisch eingesetztem Turm und barocker Haube als zweigeschossiges Langhaus mit stattlichem Satteldach und sechs Giebeln baute. Vom Balkon unter der

Das Kaffeehaus „Zum Arabischen Coffe Baum" in der Kleinen Fleischergasse zählt mit seinem Gebäude von 1556 – neben dem Café „Procope" in Paris – zu Europas ältesten Kaffeeschänken. Seit der Restaurierung und Sanierung in den Jahren 1991 bis 1998 ist das vierstöckige Gebäude wieder erleb- und begehbar. Jeder der zahlreichen und gemütlichen Räume hat seine eigene Geschichte.

Während der Messe verwandelte sich der Marktplatz vor dem Alten Rathaus (rechts) und der Alten Waage (in der Mitte rechts), wie auf dem Kupferstich vom Anfang des 19. Jahrhunderts zu sehen, zum Mittelpunkt regen Handels. Der erste slawische Markt der Siedlung Lipsk wurde ursprünglich dort abgehalten, wo sich heute der Richard-Wagner-Platz befindet. Erst im Mittelalter verlagerte er sich hierher nach Südosten.

Uhr bliesen seinerzeit die Stadtpfeifer. Später wurde an der Marktseite ein Arkadengang angefügt, der das eher streng wirkende Bauwerk etwas auflockerte. Glücklicherweise wurde das Alte Rathaus nach der Einweihung des Neuen Rathauses 1905 nicht wie geplant abgerissen, sondern als Stadtgeschichtliches Museum umgestaltet, in dem vor allem der große Festsaal, die Schatzkammer und die Ratsstube sehenswert sind. Hier unterschrieb am 19. April 1723 Johann Sebastian Bach an einem noch erhaltenen Schiefertisch seinen Anstellungsvertrag als Thomaskantor, hier hängt auch das einzig authentische Porträt, das zu Lebzeiten des weltberühmten Musikers von Elias Gottlob Haussmann gemalt wurde. Viele Besucher kommen eigens nach Leipzig, um dieses Bild zu sehen.

Vom Alten Rathaus aus sieht man im Westen schon den markanten Turm der Thomaskirche, unserer nächsten Station. Ihre äußere Erscheinung beeindruckt durch das extrem steile Giebeldach und den achteckigen, asymmetrisch angeordneten 68 Meter hohen Glockenturm, der ein Wahrzeichen Leipzigs ist. Das Gotteshaus wurde zwischen 1212 und 1222 als Stiftskirche erbaut. Einige romanische Bauelemente existieren bis heute. Ihr Hauptteil ist allerdings spätgotisch. Der dreischiffige Hallenraum wird von einem imposanten Netzrippengewölbe überspannt. Zu den Zeiten des berühmten Komponisten Johann Sebastian Bach, der hier von 1723 bis 1750 als Thomaskantor tätig war, zeigte sich die Kirche bereits barockisiert. 1884 bis 1889 erhielt sie die heutige

Die Häuser auf dem heutigen Markt sind Zeugen einer jahrhundertealten Geschichte: Das älteste noch erhaltene Gebäude, das 1556/1557 durch einen grundlegenden Umbau seine heutige Gestalt erhielt, ist das Alte Rathaus (rechts), das die Ostseite des Marktes dominiert. Weitere erhaltene beziehungsweise wiederhergestellte historische Gebäude sind die Alte Waage (Mitte), der Barthels Hof sowie das Königshaus (nicht im Bild).

29

Die Thomaskirche ist eines der beiden zentralen Gotteshäuser in der Leipziger Innenstadt: Ort der Musik, Heimat des Thomanerchors und letzte Ruhestätte des großen Thomaskantors Johann Sebastian Bach. Der 68 Meter hohe Glockenturm der auf das 13. Jahrhundert zurückgehenden Thomaskirche ist ein Wahrzeichen der Stadt. Zwischen 1492 und 1496 erhielt sie die Gestalt einer spätgotischen Hallenkirche.

Westfassade mit dem Apostel-Portal im neugotischen Stil.

Die Thomaskirche verfügt über zwei Orgeln. Auf dem alten romantischen Instrument von 1889 auf der Westempore, geschaffen von dem Orgelbauer Wilhelm Sauer, klingt die Musik des Komponisten Max Reger besonders gut, dessen großes Vorbild Johann Sebastian Bach war. Die neue Orgel auf der Nordempore von Gerald Woehl stammt aus dem Jahr 2000 und entspricht dem Klangideal der alten Meister. Sie wurde eigens zur Pflege der Bachschen Musik aufgestellt.

Im Altarraum hängen die Porträts von Superintendenten und Pfarrern. Zu unterschiedlichsten Zeiten wurden farbenprächtige, bleiverglaste Fenster eingesetzt,

die so bedeutungsvolle Persönlichkeiten wie Johann Sebastian Bach, Martin Luther und Kaiser Wilhelm I. abbilden. 1950 wurde der Sarg Johann Sebastian Bachs von der im Krieg zerstörten Johanniskirche in die Thomaskirche überführt und dort unter Mitwirkung des Thomanerchors in eine Gruft im Altarraum versenkt. Es ist auch heute noch ein erhebendes Erlebnis, wenn in dieser historischen Kirche zu Füßen seines Grabes eines seiner Oratorien oder eine Kantate aufgeführt werden. Der Thomanerchor zählt zu den ältesten und besten Knabenchören Deutschlands, dem 97 Jungen im Alter von 9 bis 18 Jahren angehören. Jeden Freitag und Samstag werden von den Thomanern wie zu Bachs Zeiten kostenlos Motetten mit Bachschen Chorälen aufgeführt. Das Interesse ist ungebrochen.

Durch die Disputation, die 1519 in der alten Pleißenburg stattfand und mit einem Gottesdienst in der Thomaskirche (rechts mit Blick auf die Empore mit der Sauer-Orgel) eingeleitet wurde, ist Leipzig zu einem der wichtigsten Schauplätze der Reformation geworden. Mit einer Predigt in der Thomaskirche, deren Ursprünge bis ins 12. Jahrhundert zurückreichen, führte Martin Luther Pfingsten 1539 in Leipzig die Reformation ein. Daran erinnert seit 1889 das Lutherfenster (links).

Johann Sebastian Bach ist in Leipzig allgegenwärtig: Der berühmteste Thomaskantor der Stadt hatte das Amt von 1723 bis 1750 inne. Sein Ebenbild in Bronze (rechts) steht seit 1908 auf dem Thomaskirchhof südlich seiner alten Wirkstätte, der Thomaskirche. Ein weiteres beliebtes Ziel von Bach-Touristen ist das Bach-Museum im Bosehaus (oben) nur wenige Schritte entfernt.

Doch die Thomaskirche hat nicht nur eine musische Vergangenheit. Am Pfingstsonntag 1539 leitete hier Martin Luther mit seiner Predigt die Reformation in Sachsen ein.

Vor der Thomaskirche im kleinen Park ließ der Komponist Felix Mendelssohn Bartholdy, der das Gewandhausorchester zu Weltruhm führte, für Johann Sebastian Bach auf eigene Kosten ein Denkmal setzen: Auf einem sechseckigen Sandsteinsockel steht ein Gehäuse mit Bachs Reliefbildnis, umgeben wird die Säule von einem schmiedeeisernen Gitter. Ein weiteres Bachdenkmal befindet sich unmittelbar am Eingang zur Kirche am Thomaskirchhof, dort, wo Bach auch Lateinunterricht gab. Da er nie Geld hatte, stellte ihn der Leipziger Bildhauer Carl Seffner mit einer ausgestülpten Manteltasche dar. In der rechten Hand hält der Kantor eine Notenrolle, mit der linken greift er nach den Tasten der hinter ihm stehenden Orgel. Am Thomaskirchhof gleich gegenüber ist im historischen Bosehaus das Leipziger Bacharchiv und ein Bach-Museum untergebracht. Der Komponist war in seiner Zeit als Thomaskantor eng mit der Familie Bose vertraut und häufig bei ihr zu Gast.

Wir gehen zurück zum Markt und folgen dem Straßenverlauf in die Grimmaische Straße Richtung Osten. Sie verkörperte früher das literarische Zentrum der Stadt, in dem sich Buchläden, Verlage und Druckereien angesiedelt hatten.

Hinter dem Alten Rathaus liegt linker Hand der Naschmarkt mit der barocken Alten Handelsbörse, die sich die wohlhabenden Leipziger Kaufleute Ende des 17. Jahrhunderts als „Vereinslokal" bauen ließen. Eine Augenweide! Vor der malerischen barocken

Kulisse auf dem Naschmarkt begegnen wir dem großen Dichter Johann Wolfgang von Goethe in Bronze, der in Leipzig von 1765 bis 1768 Jura studierte. Die Bildnisse seiner damaligen Freundinnen Käthchen Schönkopf und Friederike Oeser sind rechts und links am Sockel des Denkmals angebracht, das von Carl Seffner gestaltet und 1903 eingeweiht wurde.

Vom Naschmarkt aus gelangt man rechts durch den Handelshof in die Reichsstraße, wo man an der Ecke zum Schuhmachergäßchen auf ein architektonisch besonders eindrucksvolles Gebäude trifft: Das Messe- und Geschäftshaus wurde 1908/1909 von dem Architekten Paul Lange im Auftrag der Hugenottenfamilie Riquet im Jugendstil erbaut. Der pagodenhafte Dachaufbau, die kupfernen, lebensgroßen Elefantenköpfe am Eingang und die aufwendigen farbigen Jugendstil-Mosaike mit chinesischen Motiven sollen auf die Händlertradition der Familie hinweisen, die Kakao, Schokoladen, Tee und Orientwaren vertrieb. Im denkmalgeschützten Innenraum des ehemaligen Eckladens ist heute das „Kaffeehaus Riquet" beheimatet, das die Leipziger Kaffeehaustradition aufs Schönste wieder aufleben lässt.

Zurück in der Reichsstraße geht es weiter durch die Passage Speck's Hof mit ihrem stimmungsvollen Ambiente und einheitlicher Architektur aus den ersten Jahren des 20. Jahrhunderts. Der Name stammt von den ehemaligen Besitzern des Grundstücks, der Familie Speck von Sternburg. Die älteste erhaltene Ladenpassage Leipzigs endet unmittelbar gegenüber dem Haupteingang der Nikolaikirche. Drei unterschiedlich gestaltete Lichthöfe versorgen die Passage mit Tageslicht. Nach der Sanierung gewann das ganze

Ensemble 1996 auf der weltgrößten Immobilienmesse in Cannes den Preis für das schönste restaurierte Gebäude.

Nun stehen wir vor dem zweiten, weit über die Grenzen Leipzigs hinaus bekannten Gotteshaus: Die Nikolaikirche ist älter, größer und höher als die Thomaskirche und stammt von 1165. Der achteckige Mittelturm wurde erst 1555 errichtet, die barocke Haube in der ersten Hälfte des 18. Jahrhunderts aufgesetzt. Vom romanischen Ursprung ist heute nur noch die Westfassade erhalten. 1797 wurde die Kirche von Johann Carl Friedrich Dauthe dem Geschmack der Zeit entsprechend klassizistisch verändert. Die Gemälde im Chorraum wurden vom Leipziger Akademiedirektor und Zeichenlehrer Goethes, Adam Friedrich Oeser, geschaffen. Das Kirchenschiff wirkt mit

Der 1909 als moderner Handelshof eröffnete Speck's Hof ist Leipzigs älteste erhaltene Ladenpassage. Hier der Blick vom Eingang in der Reichsstraße. Das 1908/1909 im Auftrag der Firma Riquet & Co. vom Architekten Paul Lange errichtete „Kaffeehaus Riquet" (im Hintergrund) knüpft an alte Leipziger Kaffeehaustraditionen an und gehörte damals wie heute zu den Augenweiden der Stadt.

In stimmungsvolles Abendlicht getaucht ist die berühmte Nikolaikirche mit der Nikolaisäule im Vordergrund. Hier wurde mehr als einmal Geschichte geschrieben: Im neben der Thomaskirche bedeutendsten Sakralbau Leipzigs wurde Johann Sebastian Bach 1723 in sein Amt als Thomaskantor eingeführt, außerdem fanden hier die Montagsgebete statt, die 1989 zur Friedlichen Revolution in der DDR führten.

32 Metern Länge, 28,5 Metern Breite und 17 Metern Höhe erhaben, feierlich und majestätisch. Besonders sehenswert sind die Palmenkapitelle an den Säulen und die heitere Farbgebung des Innenraums in den Farben Weiß, Rosa und Apfelgrün. Die Orgel aus dem Jahr 1862 ist die größte Sachsens. Sie prägte die romantische Interpretation der Bach'schen Orgelkompositionen in der zweiten Hälfte des 19. Jahrhunderts. 2003 sponserte und entwarf die Firma Porsche, die in Leipzig Autos produziert, einen neuen Spieltisch. Seitdem erinnern die runden Winddruckanzeiger ein wenig an ein Armaturenbrett.

Auch in der Nikolaikirche war Johann Sebastian Bach tätig; 1723 wurde er in diesem Gotteshaus in sein Amt als Thomaskantor eingeführt, auch seine Johannespassion und das Weihnachtsoratorium erklangen hier zum ersten Mal.

Die allwöchentlichen Montagsgebete in der Nikolaikirche waren 1989 zentraler Ausgangspunkt für die Friedliche Revolution in der DDR, die schließlich am 9. November 1989 zur Maueröffnung und der späteren Wiedervereinigung von Ost- und Westdeutschland am 3. Oktober 1990 führte. Auf den Kundgebungen auf dem Nikolaikirchhof im Anschluss an die Gebete wurden Freiheit und weitere grundlegende Menschenrechte eingefordert. Danach zogen die Menschen durch Leipzigs Innenstadt. Zur Erinnerung an die Montagsgebete und die Friedliche Revolution wurde 1999 auf dem Kirchplatz von dem Leipziger Künstler Andreas Stötzner die Nachbildung einer klassizistischen Kirchensäule mit sich nach oben öffnenden Palmenblättern in der Tradition der Freiheitsbäume errichtet – die Nikolaisäule. Hier befindet sich auch ein Lichtkunstwerk des Leipziger Künstlers Tilo

Die Orgel der Nikolaikirche wurde 1862 von dem Weißenfelser Orgelbaumeister Friedrich Ladegast erbaut. Sie war sein größtes Werk und zugleich die größte Orgel des Königreichs Sachsen. Ihr beeindruckendes Aussehen und das einmalige Klangerlebnis machen den Besuch der Nikolaikirche genau wie die vom Leipziger Dombaumeister J. C. F. Dauthe geschaffene klassizistische Ausstattung der Decke mit wunderbaren Palmenkapitellen (nächste Doppelseite) zum Pflichtprogramm eines jeden Leipzig-Besuchers.

Am Augustusplatz wurde 1960 hinter Leipzigs größter und prachtvollster Brunnenanlage, dem 1886 enthüllten Mendebrunnen (vorne rechts) das Opernhaus (links) als einziger Opernneubau der DDR eröffnet. Inzwischen unter Denkmalschutz stehend, führt die Oper, die über 1200 Zuschauern Platz bietet, die Tradition von fast 320 Jahren Musiktheaterpflege in Leipzig fort. Im Hintergrund das inzwischen ebenfalls denkmalgeschützte Wintergartenhochhaus von 1972, mit 106,8 Metern Gesamthöhe das höchste Wohngebäude der DDR.

Schulz. Das Lichtensemble besteht aus 150 Lichtwürfeln, die anstelle von Pflastersteinen in den Boden eingelassen sind. In der Abenddämmerung wird von Minute zu Minute ein Lichtwürfel zugeschaltet, sodass nach 150 Minuten alle Würfel in verschiedenen Farben leuchten. Das Kunstwerk symbolisiert das langsame Anwachsen der friedlichen Versammlungen.

Von der Ostseite der Nikolaikirche geht es durch die Theaterpassage zum Augustusplatz direkt vor die Oper. Sie entstand 1956 bis 1960 anstelle des im Krieg zerstörten Neuen Theaters im typischen Stil der DDR-Zeit mit opulenter Innenausstattung. Ihr gegenüber ist das berühmte Gewandhausorchester zu Hause, das lange Jahre von dem Dirigenten Kurt Masur geleitet wurde.

Das jetzige Gewandhaus auf der Südseite des Augustusplatzes wurde 1981 nach vierjähriger Bauzeit mit

sechseckigem, knapp 2000 Plätze fassenden Saal fertiggestellt. Die Schuke-Orgel hat 6638 Pfeifen und
89 Register, die Akustik ist hervorragend. Es ist der
erste und einzige Konzertneubau der DDR. Im
Eingangsbereich befindet sich ein etwa 700 Quadratmeter großes Deckengemälde, das bei abendlicher
Beleuchtung auch von außen fasziniert. Es wurde von
Sighard Gille gemalt, der zur Leipziger Schule gerech-
net wird. Das Gemälde soll die größte zeitgenössische
Deckenmalerei Europas sein.

Vor dem Gewandhaus steht die prachtvollste Brunnenanlage Leipzigs, der Mendebrunnen, eine Allegorie des
Elements Wasser, dargestellt in Gestalten der grie-
chischen Mythologie mit Sagenfiguren, Fabelwesen
und Nymphen aus Bronze, die einen 18 Meter hohen
Obelisken aus Granit umspielen. Namensgeberin des
Brunnens ist Marianne Pauline Mende, die der Stadt

Der in steil aufsteigenden
Terrassen erbaute Große Saal
im 1981 eröffneten Gewandhaus bietet von jedem der
fast 2000 Sitzplätze beste
Sichtverhältnisse. Die exzel-
lente Akustik des Saales hat
weltweit Maßstäbe gesetzt
und muss heute den Ver-
gleich mit jüngeren Konzertsälen dieser Welt nicht
scheuen. Die Klangverhält-
nisse entsprechen den hohen
Ansprüchen des Gewand-
hausorchesters.

Das 1928 erbaute Kroch-
hochhaus am Augustusplatz
gilt als das erste Hochhaus
Leipzigs und ist dem Uhr-
turm am Markusplatz in
Venedig angelehnt. Früher als
Bank genutzt, zogen 2009
nach umfassender Sanierung
das Ägyptologische Institut,
das Altorientalische Institut
mit einer Bibliothek sowie
das Spracheninstitut der Universität ein. Seit Juni 2010
beherbergt das Gebäude
auch das Ägyptische Museum
der Universität Leipzig.

testamentarisch das Geld „zum Bau eines die Stadt verschönernden Brunnens von monumentaler Architektur auf einem freien Platz in der Nähe der inneren Promenade, vielleicht zwischen dem Museum und dem Neuen Theater", vermachte. Das Figurenensemble schuf der Münchener Bildhauer Jacob Ungerer im Stile des Neobarock 1886. Einer Legende von Egon Erwin Kisch zufolge soll Frau Mende die Besitzerin eines Leipziger Bordells gewesen sein, die mit dem großzügigen Vermächtnis ihr irdisches Verhalten sühnen wollte.

Schaut man vom Augustusplatz zurück zur Theaterpassage, fällt das Krochhochhaus aus dem Jahr 1928 ins Auge. Das erste Hochhaus der Stadt ist dem Uhrturm am Markusplatz in Venedig (Torre dell' Orologio) angelehnt, aus Stahlbeton gebaut, mit Kalkstein verkleidet und hat zwölf Geschosse. Auf dem Dach befinden sich drei ineinandergestellte Glocken, die von 3,30 Meter großen bronzenen Glockenmännern geschlagen werden. Im Krochhochhaus ist das Ägyptische Museum der Universität Leipzig untergebracht. Als architektonischer Gegenpol wurde 1929 das Europahaus erbaut, das südöstlich hinter dem Gewandhaus emporragt.

Westlich vom Gewandhaus wurde 1972 das von dem Architekten Hermann Henselmann errichtete City-Hochhaus fertiggestellt, das ursprünglich der Universität gehörte und heute von mehreren Firmen und vom

Mitteldeutschen Rundfunk genutzt wird. Im Volksmund kursieren die Namen „Uniriese", „Weisheitszahn" oder auch „Steiler Zahn". Seinerzeit war es mit 142 Metern (Gesamthöhe mit Antennenträger 155,40 Meter) und 29 Etagen das höchste Gebäude Deutschlands. Aufgrund des Grundrisses mit drei langen, leicht nach innen gewölbten Längsseiten wird die Form eines aufgeschlagenen Buches nachgebildet. Die überhöhte Schmalseite soll den Buchrücken darstellen. Auf dem Dach ist eine Aussichtsplattform, die gern von Touristen aufgesucht wird, in der 29. Etage befindet sich das Restaurant „Panorama Tower".

In diesem Bild vereinen sich historisches und modernes Antlitz der Stadt: Links das 1972 errichtete, auch als „Weisheitszahn" bezeichnete City-Hochhaus, rechts der Turm des imposanten Neuen Rathauses, das zwischen 1899 und 1905 auf den Grundmauern der alten Pleißenburg errichtet wurde. Der Ausblick von beiden Bauwerken ist fantastisch.

Gehen wir zwischen City-Hochhaus und Gewandhaus hindurch, stehen wir vor dem einzigen Relikt der alten Stadtbefestigung, der Moritzbastei, einem vorwiegend unterirdischen Wehrsystem, das von Hieronymus Lotter um 1554 zum Schutz der Leipziger Bürger im Falle einer Belagerung angelegt und nach dem Kurfürsten Moritz von Sachsen benannt wurde. Die spektakulären mehrstöckigen Ziegelgewölbe wurden nach dem Krieg zum großen Teil mit Geröll gefüllt. Studenten der Universität, unter ihnen auch die spätere Bundeskanzlerin Angela Merkel, entfernten ab 1974 40 000 Kubikmeter Bauschutt und schafften sich damit einen höchst originellen Studentenclub. Heute ist die Moritzbastei ein Kultur- und Begegnungszentrum.

Ob das adlige Treiben vor der Moritzbastei um 1720 wirklich so ausgesehen hat wie auf dem Kupferstich von Georg Balthasar Probst, lässt sich nicht mehr feststellen. Sicher ist aber, dass das vorwiegend unterirdische Wehrsystem 1554 von dem bekannten Baumeister Hieronymus Lotter zum Schutz der Bürger angelegt wurde. Nachdem die Stadt bereits im Dreißigjährigen Krieg erstürmt worden war, verlor die Bastei im Siebenjährigen Krieg ihre militärische Funktion und wurde fortan als Lager für Handelswaren und als Arbeitsstätte für Glockengießer, Schwefelzieher und Buchdrucker genutzt.

Zurück zum Augustusplatz. An seiner Westseite neben dem City-Hochhaus, dort, wo früher das Dominikanerkloster St. Pauli beheimatet war, steht seit alters her das Hauptgebäude der Universität (Augusteum), deren Fassade auf einen klassizistischen Entwurf von Karl Friedrich Schinkel zurückgeht. Es wurde 1836 eingeweiht und brannte im Krieg aus. Zusammen mit der völlig unversehrten Paulinerkirche (Paulinum) wurde es trotz zahlreicher Proteste am 30. Mai 1968 gesprengt, um einem schmucklosen funktionalen Verwaltungsgebäude im Stil eines sozialistischen Plattenbaus Platz zu machen. Mit der Ideologie der sogenannten Karl-Marx-Universität waren das Paulinum und Augusteum nicht mehr vereinbar. Nach der Wende setzte sich eine Bürgerinitiative für die Wiederherstellung des alten Universitätsensembles ein, sodass 2007 die nüchterne DDR-Architektur abgetragen und mit dem Neubau begonnen wurde. Der dem Bau zugrundeliegende und

prämierte Entwurf des Nieder-
länders Erick van Egeraat ist ein
interessanter und architektonisch
beeindruckender Kompromiss: Der
innerstädtische Campusneubau erinnert nun mit Teilen der Fassade an
das alte Augusteum und die Paulinerkirche; die Decke wurde zur
Erinnerung an das alte Kirchenschiff
als modernes Kreuzrippengewölbe
gestaltet. Sehenswert ist darüber
hinaus der Flügelaltar aus dem
15. Jahrhundert, der bereits die
gesprengte Paulinerkirche schmückte.
Im Foyer des Auditorium maximum,

auf Konsolen in Höhe des ersten Obergeschosses, stehen vier alte allegorische Frauenplastiken in antikisie-
renden Gewändern. Sie waren schon im alten Universitätsgebäude aufgestellt und stammen vom bekannten
Bildhauer des Spätklassizismus, Ernst Rietschel, der
auch das weltberühmte Goethe-und Schillerdenkmal
vor dem Deutschen Nationaltheater in Weimar
geschaffen hat. Die Fertigstellung des neuen Komple-
xes war ursprünglich für die Sechshundertjahrfeier der
Universität 2009 geplant, konnte aber erst später vollständig realisiert werden. Das einzig verbliebene
Kleinod des alten Baus ist das hübsche Schinkeltor: Es
bildet den heutigen Innenhofzugang zum Neuen
Augusteum und stellt einen gelungenen Kontrast zu
diesem dar.

Das Schinkeltor wird heute
als Eingang zum Innenhof
des wieder errichteten Uni-
versitätsgebäudes Augusteum
genutzt. Ursprünglich war es
1836 als imposantes Ein-
gangsportal des Augusteums
konzipiert worden, wurde
aber aufgrund von verschiedenen Umbauarbeiten einige
Male umgesetzt. Das Original
geht auf einen Vorschlag von
Karl Friedrich Schinkel
zurück und wurde vom Bildhauer Ernst Rietschel ausge-
führt.

Unser Weg führt uns vom Augustusplatz in die Fußgängerzone der Grimmaischen Straße, wo sich rechts im
Haus Nummer 15 die Studentenbude von Gotthold

Der Gebäudekomplex des Städtischen Kaufhauses spiegelt mehr als 500 Jahre Leipziger Handels- und Kulturgeschichte wider. Der erste Bau entstand im 15. Jahrhundert als Gewandhaus. Ein Teil musste weichen, als von 1740 bis 1744 nach den Plänen von Friedrich Seltendorff die barocke Stadtbibliothek errichtet wurde. Durch die Umnutzung einer Etage zu Messezwecken im Jahr 1893 begann die Entwicklung des heutigen Städtischen Kaufhauses, die in drei Bauabschnitten bis 1901 vollendet wurde.

Ephraim Lessing befunden hat, wenige Schritte von der damaligen Spielstätte der Theatergruppe Friederike Caroline Neubers entfernt, wo Lessings erstes Lustspiel „Der junge Gelehrte" aufgeführt wurde. Gegenüber zweigt links die Universitätsstraße ab, die wir hinabgehen. Schräg gegenüber des Seminargebäudes der Universität biegen wir in den Hof des Städtischen Kaufhauses ein, das in den Jahren 1893 bis 1901 errichtet wurde. Es gilt weltweit als erstes Mustermessehaus, in dem Waren nicht mehr zum Kauf angeboten, sondern nur als Muster zur Bestellung gezeigt wurden. Der Vorgängerbau stammte aus dem Jahr 1477. Im Mittelalter stand hier an der Ecke Universitätsstraße/Gewandgäßchen das spätgotische Gewandhaus der Tuchmacherinnung, welches den bekannten Krakauer Tuchhallen in nichts nachstand. Wegen der Größe des dazugehörenden Gewandhaussaales wurde er immer wieder für Konzerte verwendet und 1781 klassizistisch umgebaut. Das jetzige Städtische Kaufhaus wurde im Zweiten Weltkrieg von Bomben schwer getroffen und erst in den 1990er-Jahren aufwendig und liebevoll restauriert. Im Erdgeschoss führen mehrere kleine Passagen zum stimmungsvollen Innenhof.

Wir verlassen das Städtische Kaufhaus wieder und überqueren den Neumarkt, um in die Messehofpassage einzubiegen, die den Neumarkt mit der Petersstraße verbindet. Diese Passage ist in den letzten Jahren futuristisch umgebaut worden und stößt direkt auf die

Königshauspassage, die ihren Namen vom stattlichen Königshaus am Markt hat, wo sie beginnt. Das Königshaus wurde um 1600 erbaut, Anfang des 18. Jahrhunderts barockisiert und diente Leipzig lange Zeit aus Ermangelung eines Schlosses als Unterbringung für hochwohlgeborenen Besuch: Napoleon, Friedrich der Große, August der Starke und Zar Peter I. sind im ersten Stock des Gästehauses der Stadt abgestiegen. Im zweiten Stock wohnte eine Tante von Richard Wagner.

Hält man sich in der Messehofpassage rechts, kommt man in die wohl schönste und nobelste Leipziger Passage, die Mädler-Passage, dem ehemaligen Auerbachs Hof. Sie führt von der Grimmaischen Straße an der Südseite des Alten Rathauses über eine Rotunde mit Glockenspiel aus Meissener Porzellan zum Neumarkt. Kommerzienrat Anton Mädler, ein erfolgreicher Kof-

Im Innern des Städtischen Kaufhauses findet sich eine Mischung aus Einzelhandels-, Gastronomie- und Büroflächen. Mehrere kleine Passagen führen, wie oben dargestellt, in den atmosphärischen Innenhof.

Die Mädler-Passage mit ihren hohen Decken und den lichtdurchfluteten Gängen macht die architektonische und historische Größe der traditionsreichen Messe- und Handelsstadt Leipzig noch heute eindrücklich erlebbar. Die Figurengruppe, die Szenen aus Goethes „Faust" darstellt, weist den Zugang zum historischen „Auerbachs Keller", in dem sich der Dichter in seiner Studienzeit inspirieren lassen hat.

fer- und Taschenfabrikant, kaufte 1911 den gesamten Komplex und errichtete ein elegantes Haus mit prächtiger Einkaufspassage im Biedermeierstil. Der historische „Auerbachs Keller", schon damals durch Goethes „Faust" weltbekannt, wurde in den Neubau integriert. Kurz hinter dem Eingang in die Mädler-Passage weitet sie sich hallenartig und nimmt zwei Treppen auf, die in die Tiefen zur alten Gaststätte führen. Auf den Brüstungen stehen jeweils zwei überlebensgroße Bronzegruppen des Leipziger Bildhauers Mathieu Molitor: Die eine stellt raufende Studenten, die andere Faust und Mephisto dar, der gerade die Studenten verzaubert. Der Krieg verschonte das Kleinod. Nach der Wiedervereinigung versuchte sich der Immobilienkonzern Dr. Jürgen Schneider an der Sanierung dieser und weiterer

Passagen in Leipzig, überhob sich aber und ging pleite. 1997 gelang es einer anderen Gesellschaft mit Bravour.

Zurück in die Messehofpassage, die im Westen auf die Petersstraße stößt, in der wunderschöne Patrizierhäuser stehen. Wenn man nach links abbiegt und Richtung Süden geht, kommt man zum Haus Nummer 32/34 („Zu den drei Königen"), der ehemaligen Drechslerwerkstatt und Wohnung des Mitbegründers der SPD, August Bebel, und zum hochherrschaftlichen Haus Nummer 48, das hier 1887/1888 anstelle des Geburtshauses von Max Klinger erbaut wurde. Dazwischen liegt auf

der rechten Straßenseite der jüngste Passagenneubau, der etwas geschwungene Petersbogen, und an historischer Stelle das Juridicum/Petrinum der Universität. Hier hätte Goethe statt der schönen Künste eigentlich Jura studieren sollen. Sobald man an den großen alten Platanen am Ende der Altstadt angelangt ist, beginnt der Martin-Luther-Ring. Linker Hand liegt der Schillerpark, in dem sich die imposanten Denkmäler der Schriftsteller Friedrich Schiller und Christian Fürchtegott Gellert sowie des Komponisten Robert Schumann befinden. Rechter Hand sieht man an der südwestlichen Ecke des Innenstadtrings das Neue Rathaus liegen. An dieser Stelle, in der alten Pleißenburg, fand 1519 die Leipziger Disputation zwischen dem Reformator Martin

Die ursprünglich im Krieg zerstörte Juridicum-Passage ist als großzügiger, offener Bogen mit Glasdach 2001 als Petersbogen neu entstanden. Der ursprüngliche Name wurde nach dem Standort der Juristenfakultät der Universität Leipzig übernommen. Ein weiteres wesentliches Merkmal ist die Integration eines Teils der Schlossgasse durch Unterbauung sowie die Unterbringung von Rolltreppen und Treppen.

Das Neue Rathaus, das zwischen 1899 und 1905 auf den Grundmauern der historischen Pleißenburg errichtet wurde, zeichnet sich durch seine künstlerische Innengestaltung und seinen reichen Fassadenschmuck aus, hier der stilvoll beleuchtete Treppenaufgang.

Luther und dem katholischen Theologen Johannes Eck statt.

Die Pleißenburg war vom Meißner Markgrafen Dietrich dem Bedrängten erbaut worden, auf ihren Grundmauern wurde bis 1905 das Neue Rathaus im historisierenden Stil errichtet. Der Architekt und Leipziger Stadtbaudirektor Hugo Licht, der das Bild der aufblühenden Großstadt um die Jahrhundertwende prägte, gestaltete den Bau entsprechend der damaligen wirtschaftlichen Bedeutung der Stadt mit überschwänglicher Fantasie und protzigem Reichtum in Muschelkalkstein aus der Maingegend. Die reich gegliederte Fassade, die imposante Wandelhalle und der etwa 115 Meter hohe Turm verfehlen ihre Wirkung auf den Betrachter nicht. Der Rathausturm, auf

den Fundamenten des Turms der Pleißenburg errichtet, war zur Erbauungszeit der höchste Deutschlands und nach wie vor eines der Wahrzeichen der Stadt, das ihre Silhouette prägt. An der nachts blau leuchtenden Uhr steht in lateinischen Lettern: MORS CERTA, HORA INCERTA (Der Tod ist gewiss, die Stunde ungewiss). Der Leipziger sagt: „Todsicher geht die Uhr falsch." Das Neue Rathaus mit seinen 600 Räumen ist nach wie vor die Verwaltungszentrale der Stadt. Daneben wurde im gleichen Stil das Stadthaus für die Leipziger Stadtverwaltung und das Standesamt errichtet. Heute beträgt die Zahl der Amtsstuben fast 1000. Stadthaus und Rathaus sind mit einem Brückenbau über die Lotterstraße miteinander verbunden. Für die Volksseele ist das die „Beamtenlaufbahn" oder die

Das schlossähnliche Gemäuer des Neuen Rathauses wurde 1905 nach Entwürfen des berühmten Leipziger Architekten Hugo Licht im Stil des Historismus errichtet. Vom höchsten Rathausturm Deutschlands hat man aus 115 Metern eine grandiose Aussicht über die Stadt, bei klarem Wetter reicht der Blick bis zum Brocken und Fichtelberg im Erzgebirge.

„Seufzerbrücke". Ein Teil des Gebäudes wurde im Zweiten Weltkrieg zerstört und 2012 durch ein elfgeschossiges Büro- und Geschäftshaus ersetzt.

Unterhalb des Neuen Rathauses an seiner Südwestspitze wurde 1999 zur Erinnerung an den ehemaligen Leipziger Oberbürgermeister Carl Friedrich Goerdeler eine kleine begehbare Arena in die Erde eingelassen. Als Gegner der Nationalsozialisten sollte er nach dem Attentat auf Adolf Hitler vom 20. Juli 1944 durch Oberstleutnant Schenk Graf von Stauffenberg Reichskanzler werden. Doch das Attentat scheiterte, Goerdeler wurde vom Volksgerichtshof zum Tode verurteilt und in Plötzensee hingerichtet. Er genießt in Leipzig nach wie vor ein sehr hohes Ansehen. Eine Glocke schlägt zum Gedenken viermal täglich. Dort steht geschrieben: „In weniger ernsten Zeiten würde ich schweigen."

Vis-à-vis vom Neuen Rathaus südlich des Martin-Luther-Rings wurde im Mai 2015 ein katholischer Kirchenneubau eingeweiht, die neue Trinitatiskirche. Die alte Kirche, nur wenige 100 Meter vom jetzigen Standort entfernt, wurde im Krieg von Bomben schwer getroffen, die Gemeinde sicherte die Ruine, durfte sie aber auf Beschluss der kommunistischen Regierung nicht wieder aufbauen. 1954 wurde die Kirche gesprengt und die Katholiken bekamen daraufhin Gastrecht in der evangelischen Paulinerkirche (Universitätskirche), bis diese dann 1968 beseitigt wurde. Heute sind beide Kirchen wieder aufgebaut.

Bei gutem Wetter sollte man sich eine Rathausturmbesichtigung nicht entgehen lassen: Von Montag bis Freitag können die 250 Stufen zweimal täglich vom vierten Obergeschoss bis zum oberen Turmgang erklommen werden, um den fantastischen Ausblick

über die Stadt zu genießen, zum Beispiel auf das Bundesverwaltungsgericht im Südwesten. Im Zuge der ersten deutschen Einheit unmittelbar nach dem Deutsch-Französischen Krieg 1871 erhielt Leipzig den Zuschlag für den Sitz des Reichsgerichtes, des höchsten deutschen Gerichtshofes. Das monumentale Reichsgerichtsgebäude wurde wie das Berliner Reichstagsgebäude Ende des 19. Jahrhunderts im Stil des späten Historismus errichtet; beide Gebäude haben große Ähnlichkeiten. In der Mitte des imposanten Justizpalastes thront eine hohe Kuppel, die mit der Skulptur „Die Wahrheit" geschmückt ist. Der Haupteingang mit repräsentativem Portal ist nach Osten ausgerichtet. Der davor liegende Platz trägt den Namen des Vaters der deutschen Verfassungsgeschichte und des ersten

Das Mendelssohn-Ufer vor dem Bundesverwaltungsgericht ist ein beliebtes Ausflugsziel. Das ehemalige Reichsgericht (Blick nach Norden) wurde von 1888 bis 1895 nach Entwürfen von Peter Dybwad und Ludwig Hoffmann auf dem Simsonplatz errichtet. Es gehört neben dem Reichstag in Berlin und der Ruhmeshalle in Görlitz zu den durch eine Kuppel charakterisierten Monumentalbauten des Wilhelminischen Kaiserreiches.

Präsidenten des Reichsgerichtes, Eduard von Simson, der 1883 auch Ehrenbürger Leipzigs wurde. Andere bedeutende Personen der deutschen Rechtsgeschichte sind als Skulpturen an der Nordseite angebracht. Nach der Wiedervereinigung wurde das Gebäude gründlich saniert. Es zog aber nicht, wie von den Leipzigern gewünscht, das oberste deutsche Gericht ein. Der Bundesgerichtshof verblieb in Karlsruhe. Dafür bekam Leipzig das Bundesverwaltungsgericht, das ursprünglich in Berlin beheimatet war. Soweit es der Justizbetrieb erlaubt, wird der Große Sitzungssaal wegen seiner ausgezeichneten Akustik auch für musikalische und literarische Veranstaltungen genutzt.

Schaut man vom Rathausturm in die entgegengesetzte Richtung, blickt man auf das jetzige Hotel „The Westin Leipzig". Es ist 96 Metern hoch und wurde 1981 von einer japanischen Firma als Interhotel „Merkur" errichtet, um Devisen einzunehmen. DDR-Bürger durften hier nicht übernachten, höchstens nach langer Vorbestellung essen. Angeschlossen war ein Intershop, in dem nur in frei konvertierbarer Währung bezahlt werden konnte. In der 27. Etage befindet sich heute das Gourmetrestaurant „Falco" mit zwei Michelin-Sternen. Hier können heute alle essen, brauchen aber das nötige Kleingeld.

Wer die Stadt weiter zu Fuß erkunden möchte, dem bietet Leipzig noch etwas ganz Besonderes im weiteren Umkreis der Innenstadt: komplette, nahezu unzerstörte Straßenzüge aus der Gründerzeit. Sie sind zum Teil liebevoll und denkmalgerecht restauriert und erstrahlen in neuem Glanz und alter Pracht, wie beispielsweise in der August-Bebel-Straße in der Südvorstadt und im Musikviertel in der Nähe des ehemaligen

Reichsgerichtes. Auch im Waldstraßenviertel im Nordosten, das eines der bedeutendsten Flächendenkmale der europäischen Wohnungsbaugeschichte darstellt, sind einzigartige Fassaden zu bewundern, die sich über ganze Straßenzüge verfolgen lassen. Gleiches trifft für das Bachstraßenviertel zu, ein gründerzeitlich geprägtes Wohnviertel in der Äußeren Westvorstadt um die Johann-Sebastian-Bach-Straße. Geradezu imperial und hochherrschaftlich auch die Ferdinand-Lassalle-Straße, die dem Clara-Zetkin-Park gegenüberliegt.

Mit diesem Spaziergang durch die tausendjährige Stadt haben Sie einen ersten Eindruck von Leipzig erhalten. Die folgenden Kapitel vertiefen die Geschichte und Kultur dieser bedeutenden Messestadt in der Mitte Deutschlands.

Der Clara-Zetkin-Park an der Ferdinand-Lassalle-Straße ist im Jahr 1955 im Zuge des Beschlusses der Stadtverordneten entstanden und vereinigte unter dem Namen „Zentraler Kulturpark Clara Zetkin" mehrere historische Parkanlagen – den Johannapark, den Palmengarten, den Volkspark Scheibenholz und den Albertpark. Die schön gestalteten Anlagen, die gastronomischen Einrichtungen und die Freilichtbühne erfreuen sich großer Beliebtheit.

Leipzig und seine Geschichte

Keine Gewalt – das ist die Botschaft der Bergpredigt von Jesus Christus in zwei Worte gefasst.

Christian Führer

Die Ursprünge der Stadt und ihre Entwicklung zum Handels- und Messestandort

Die Burg, aus der sich Leipzig entwickelte, dürfte anlässlich der ersten Ostexpansion König Heinrichs I. von Slawen gegründet worden sein. Der Geschichtsschreiber und Bischof Thietmar von Merseburg erwähnt im siebten Buch seiner achtbändigen Chronik über die Geschichte des ostfränkisch-deutschen Reiches 1015 n. Chr. den Tod des Meißner Bischofs Eido in „urbe Libzi". Der Name geht auf das sorbische Wort lipa (Linde) zurück – Ort bei den Linden. Demnach ist Leipzig mittlerweile 1000 Jahre alt und hat zu diesem Anlass 2015 sogar eine silberne Zehneuromünze herausgegeben.

Die Burganlage befand sich wohl im Nordwesten des alten Stadtkerns. Sehr bald ließen sich neben ihr Handwerker und Kaufleute nieder, sodass die Siedlung im Jahr 1165 Stadt- und Marktrecht erhielt. Der Stadtbrief von Otto dem Reichen, Markgraf von Meißen, hat die Größe einer Postkarte und ist eine der ältesten Aufzeichnungen bürgerlich-feudalen Rechts in Deutschland. In ihm wurde bereits das Marktprivileg mit einer Bannmeile festgeschrieben, die Grundlage für den späteren Erfolg der Messe.

Die schnelle Entwicklung Leipzigs zu einem wichtigen Handels- und Messestandort im Mittelalter wurde von der geografischen Lage begünstigt: Am heutigen Marktplatz kreuzten sich die beiden wichtigen Han-

Mit dem Stadtbrief, wahrscheinlich um 1165 von Otto dem Reichen ausgefertigt, wird das Stadtrecht und das Marktprivileg der Stadt Leipzig begründet. Das historische Dokument wird heute im Stadtarchiv aufbewahrt.

delswege und Reichsstraßen Via Regia und Via Imperii, die von Paris nach Nowgorod und von Bergen in Norwegen über den Brenner bis nach Rom führten. Weiteren Aufschwung erhielt die Messe durch die offizielle Bestätigung des Messeprivilegs von Markgraf Dietrich von Landsberg und dem sächsischen Kurfürsten Friedrich den Sanftmütigen. Das entscheidende Reichsmesseprivileg für die am Neujahrs- und Michaelistag sowie zu Ostern abgehaltenen Märkte verlieh 1497 der spätere Kaiser Maximilian I. Er räumte Leipzig ein Stapelrecht ein, das heißt durchreisende Kaufleute mussten hier ihre Waren für einige Tage lagern und zum Kauf anbieten, er garantierte eine ungehinderte Zufahrt von und nach Leipzig, ahndete die Beschlagnahme von „Messgütern" mit der Reichsacht, also mit der Verbannung aus dem Reich, und bekräftigte das Verbot, nach dem keine Messen im Abstand von 15 Meilen abgehalten werden durften. Diese „Internationale Reichsmesse" in Leipzig überflügelte bald die traditionell führenden Handelszentren Nürnberg und Frankfurt. An die Stärkung des Messestandorts durch Maximilian I. erinnert sein überlebensgroßes Bronzestandbild des Leipziger Bildhauers Carl Seffner am Ostflügel des sehr schön restaurierten „Städtischen Kaufhauses" in der Universitätsstraße.

Als Tor zu Osteuropa wurde Leipzig zum Zentrum des Pelzumschlags, zeitweise wurde hier mit einem Drittel aller weltweit verarbeiteten Felle gehandelt. Dies zog vor allem Kaufleute aus Polen, Russland, dem Baltikum und dem Balkan an, aber auch England schlug in Leipzig vor der napoleonischen Kontinentalsperre 1806 etwa zwei Drittel aller Waren für den Kontinent um. Viele Produkte eroberten von hier aus die Welt:

Im Jahr 1497 verlieh König Maximilian I. – ab 1508 Kaiser des Heiligen Römischen Reiches – der Stadt Leipzig mit der dargestellten Urkunde das Messeprivileg, das sie endgültig zur mitteldeutschen Handelsmetropole machte. Oben rechts ein Porträt des Kaisers von Albrecht Dürer aus dem Jahr 1519.

Zur Ostermesse 1710 wurde erstmals das gerade von Johann Friedrich Böttger erfundene rotbraune Jaspisporzellan (Böttgersteinzeug), das spätere Meissener Porzellan, gezeigt.

1700 gingen von Leipzig wöchentlich 37 Postkutschen in alle Himmelsrichtungen ab, unter anderem nach Amsterdam, Warschau, Prag, Hamburg, Frankfurt (Main), Köln und Danzig. 1769 waren es schon 59. Nach Dresden war man mittels vierspänniger Extrapost etwa zehn Stunden unterwegs und musste dafür 15 Taler berappen. Der Kurfürst von Sachsen, August der Starke, der die sächsische Wirtschaft und vor allem den Export stark förderte, war über dreißigmal in der Stadt, meist zur Messezeit. Er kam mit 400 Kutschen und 2000 Pferden und stieg gewöhnlich mit seinem Dresdner Hofstaat im Königshaus am Markt ab.

Im Deutschen Reich war Leipzig ein Industrie- und Handelsstandort ersten Ranges, wie es der Schrift-

Unter dem Markt befand sich das Untergrundmessehaus, das erste unterirdische Ausstellungsgebäude der Welt – hier ein Foto aus den 1920er-Jahren. 1925 nach Plänen von Carl Krämer fertiggestellt, wurde es im Jahr 2005 abgetragen und durch die S-Bahn-Haltestelle „Markt" ersetzt.

Rechts: Die Windrose mit dem Doppel-M sollte in der Sowjetischen Besatzungszone Internationalität symbolisieren.

steller und Publizist Gustav Freytag ganz richtig bemerkte: „Es ist eine friedliche Stadt von stillem Frohsinn, freundlich für Fremde und aller Welt angenehm: Sie ist nicht Hauptstadt ihres Königreiches, aber es kann wohl sein, dass der Chinese oder gebildete Sandwichinsulaner mehr von ihr weiß als von dem Staate, zu welchem sie gehört."

1895 erfolgte die Umstellung von der Warenmesse zur weltweit ersten Mustermesse: Nun mussten nicht mehr alle Waren vorrätig gehalten und gestapelt werden, es wurden nur noch Muster gezeigt und bestellt. Dafür wurden in der Innenstadt von Leipzig zahlreiche Messehäuser erbaut, die zum Teil heute noch erhalten sind, wie zum Beispiel Speck's Hof und die Mädler-Passage. 1898 wurde in Leipzig gar die erste deutsche Handelshochschule gegründet.

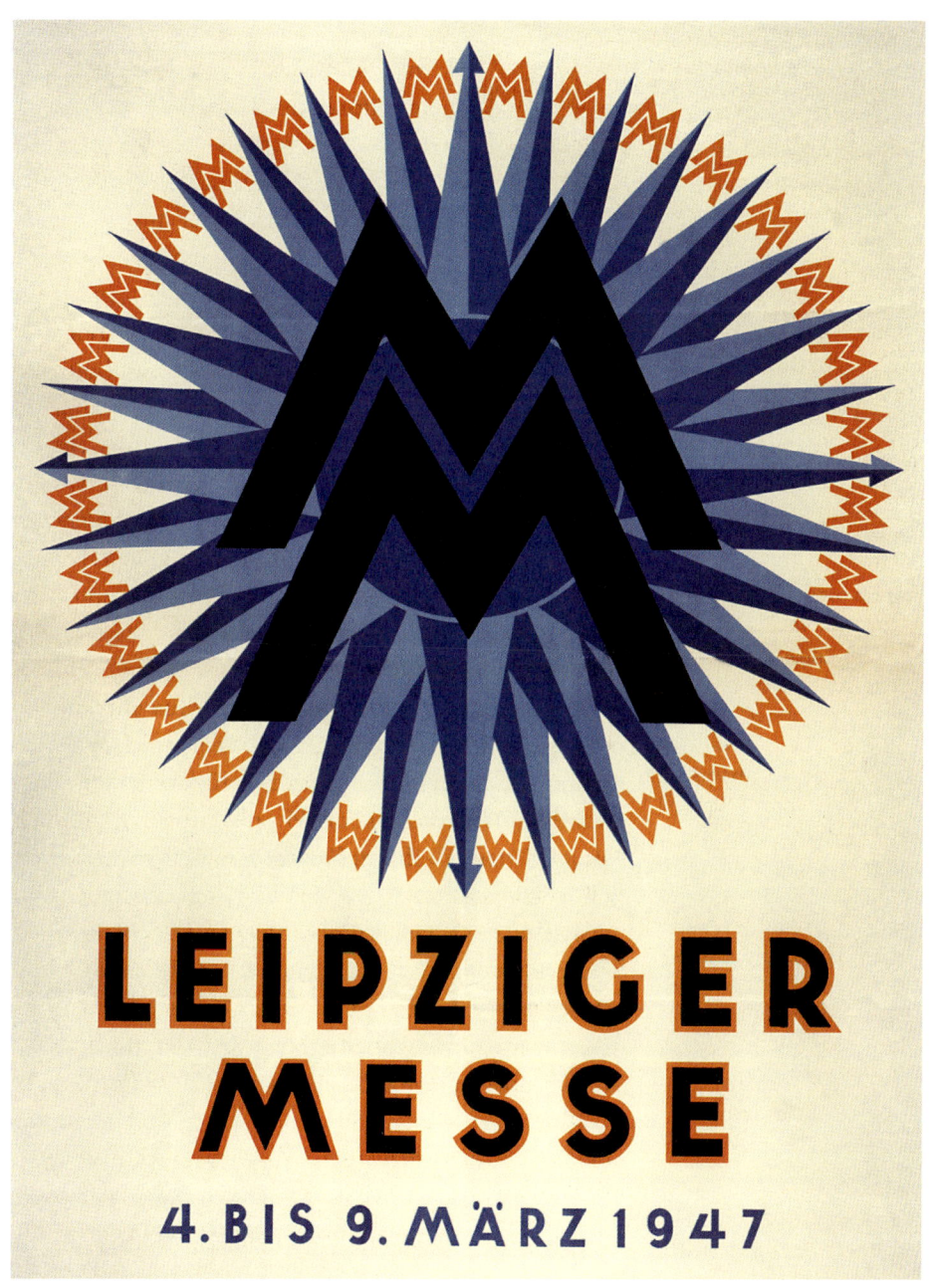

Blick auf den mit Fahnen geschmückten Eingang zur Technischen Messe 1954 sowie auf den Sowjetischen Pavillon: Tausende Aussteller gaben einen umfassenden Einblick in den Leistungsstand von Wissenschaft, Technik und Produktion.

Aufgrund des zunehmenden Warenangebots reichten die Gebäude in der Innenstadt bald nicht mehr aus. Daher wurde um 1920 im Südosten die Technische Messe mit etwa 50 Messehallen aus dem Boden gestampft, die Leipzig endgültig zum ersten Welthandelsplatz machte. Am Nord-, West- und Südeingang des Messegeländes befanden sich etwa 27 Meter hohe Tore, die ein doppeltes M (für Mustermesse) darstellten. 1925 wurde die Messehalle 12 eingeweiht. Sie war mit 21 000 Quadratmetern Deutschlands größter überdachter Raum und wurde 1950 zum Sowjetischen Pavillon mit rotem Stern auf der goldenen Turmspitze analog dem der Moskauer Kremlmauer umgebaut. Zu DDR-Zeiten war er Ausgangspunkt der Messeführungen der sozialistischen Politprominenz. Heute ist der Sowjetische Pavillon leer, aber denkmalgeschützt. Im Gespräch ist die Einrichtung eines Deutschen Holocaust-Museums oder die Unterbringung des Stadtarchivs. Auf dem Gelände der Alten Messe haben sich das Max-Planck- und das Fraunhofer-Institut, die Bio-City, ein Technolo-

Mittelpunkt der heutigen Leipziger Messe ist die 30 Meter hohe Glashalle, konzipiert vom Hamburger Architekturbüro von Gerkan, Marg & Partner. Die 1996 zusammen mit dem neuen Messegelände eröffnete Halle, die bis zu 4500 Personen Platz für aufsehenerregende Events bietet, erhielt im Jahr 2000 den Outstanding Structure Award für das bemerkenswerteste, innovativste, kreativste oder auf andere Weise Aufsehen erregende Bauwerk der letzten Jahre.

gie- und Gründerzentrum im Bereich der Biotechnologie, die Automeile, mehrere Discounter, Sportstätten und eine Kirche angesiedelt. Gleich gegenüber (An den Tierkliniken 42) befindet sich die ehemalige Großmarkthalle mit zwei achteckigen Stahlbetonkuppeln mit Spannweiten von jeweils 75 Metern – die Spannweite des Petersdoms und des antiken Pantheon betragen jeweils 40 Meter –, die 1930 einer technischen Sensation gleichkamen und in der Welt ihresgleichen suchten. Sie verschlangen zwölf Millionen Mark, damals eine horrende Summe. Der Volksmund bringt es auf den Punkt: Das ist der Kohlrabizirkus.

Nach 1945 blockierte der Totalitarismus mit staatlich organisierten Universalmessen und der Unterbindung des freien Handels jeden Fortschritt, sodass Leipzig nach der Wende 1990 nicht mehr zu den Spitzenreitern der deutschen Handelsplätze gehörte. Aber die Erinnerung an die vergangenen Tugenden war noch frisch und der Wille zum Aufschwung groß. In einer Rekordzeit von nur fünf Jahren wurde ab 1991 im

Seit 2008 ist das moderne Luftfahrt-Drehkreuz am Flughafen Leipzig/Halle in Betrieb. Das Logistikunternehmen DHL hat damit über 3000 Arbeitsplätze in der Region geschaffen und schlägt mit etwa 60 Flugzeugstarts und -landungen täglich rund 2000 Tonnen Fracht um. Die Vorsortierung der Pakete auf dem Boden übernimmt dabei eine 6,5 Kilometer lange Bandanlage, die längste ihrer Art in Deutschland.

Norden Leipzigs auf einer Fläche von 1,8 Millionen Quadratmetern ein hypermoderner Ausstellungs- und Kongresskomplex mit einer gigantischen, 30 Meter hohen Glashalle errichtet, der alle Unkenrufe Lügen strafte. Auf dem Gelände der Neuen Messe finden heutzutage jährlich fast 40 Fachmessen, rund 100 Kongresse und auch mehr und mehr gesellschaftliche Großereignisse statt.

In Zukunft wird es darauf ankommen, das Sterben des produzierenden Gewerbes durch einen Aufschwung im Dienstleistungssektor aufzufangen. Ermutigende Anzeichen sind vorhanden: Nach 1990 ließen sich über 100 Bankinstitute in der Stadt nieder, die heute die überaus zentrale Lage in einem Ballungsraum (Metropolregion Mitteldeutschland) nutzen, vergleichbar dem an Rhein und Main. Neue Bankgebäude schossen wie Pilze aus dem Boden, alte repräsentative Bauten wurden saniert und umgebaut. Ähnliches zeichnete sich in der Versicherungsbranche ab.

Gleichzeitig siedelten sich im Norden Leipzigs neue Industrien an. BMW produziert in einem hochmodernen Werk die zukunftsträchtigen Elektroautos i3 und i8. Gleich daneben erfolgt bei Porsche die Endmontage des Cayenne und des Panamera. Die DHL baut auf zwei Millionen Quadratmetern das Luftdrehkreuz Leipzig, Europas modernster Umschlagplatz für Luftfracht. Der Mitteldeutsche Rundfunk (MDR), der als Sendeanstalt für die Bundesländer Sachsen, Sachsen-Anhalt und Thüringen fungiert, schlug seine Zelte auf dem Gelände des ehemals größten Schlachthofs Europas im Süden der Stadt auf. So entstanden in den letzten Jahren viele neue Arbeitsplätze und der einst weltbekannte Messe- und Handelsstandort Leipzig ist heute wieder auf einem guten Weg, sich auch in Zukunft behaupten zu können.

Am 1. Juli 1650 erschien in Leipzig die weltweit erste Tageszeitung „Einkommende Zeitungen". Die Auflage betrug 200 Exemplare.

Von der Frühen Neuzeit bis ins 19. Jahrhundert

Doch Leipzig war und ist nicht nur eine Kaufmannsstadt. Seit der Frühen Neuzeit entwickelte sie sich auch zu einem intellektuellen und kulturellen Zentrum Deutschlands. 1409 wurde die Universität gegründet, 1481 das erste Buch in Leipzig gedruckt, 1650 erschien die erste Tageszeitung der Welt. 1754 gründete Johann Gottlob Immanuel Breitkopf, der Erfinder des Notensatzes, hier den ersten Musikverlag, die Verlage Brockhaus, Reclam, Baedeker, Insel und Rowohlt folgten, um nur einige zu nennen. Johann Wolfgang von Goethe fand während seiner Studienzeit von 1765 bis 1767 in Leipzig zahllose Inspirationen für seine späteren weltberühmten Werke „Die Leiden des jungen Werther" und „Faust", große

Die Pleißenburg in Leipzig war 1519 Austragungsort der Disputation zwischen dem Reformator Martin Luther, oben auf einem Kupferstich von Lucas Cranach d. Ä. aus dem Jahr 1520, und dem katholischen Theologen Johannes Eck, unten auf einem Kupferstich von Peter Weinher d. Ä. von 1572.

Komponisten wie Johann Sebastian Bach, Felix Mendelssohn Bartholdy und Robert und Clara Schumann waren hier lange Jahre tätig.

Auch für die Reformation hatte Leipzig große Bedeutung. Als Zentrum des Buchdrucks und -handels wurden von hier aus die Schriften Martin Luthers und zahlreiche evangelische Gesangbücher in hoher Auflage verbreitet. Gleichzeitig war die Stadt 1519 auch Austragungsort der Disputation zwischen dem katholischen Theologen Johannes Eck und den führenden Vertretern der reformatorischen Bewegung, Martin Luther, Andreas Bodenstein, genannt Karlstadt, und Philipp Melanchthon. Mit dem Anschlag der 95 Thesen an die Wittenberger Schlosskirche, mit denen er die bislang gängige Praxis des Ablasshandels und die Allmacht des Papsttums geißelte, hatte der Reformator am 31. Oktober 1517 dem Papst den Fehdehandschuh vor die Füße geworfen. Um Luther bloßzustellen und dessen neue Lehre in einer öffentlichen Diskussion zu brandmarken, forderte Johannes Eck, der vielleicht hartnäckigste Gegner der Reformation und brillanter Redner mit scharfem Verstand, Luther an der Leipziger Universität zu einem Rededuell heraus. Der sächsische Herzog Georg der Bärtige war ebenfalls ein Gegner der Reformation und stellte die Pleißenburg in Leipzig, die Ende des 19. Jahrhunderts dem Neuen Rathaus weichen musste, für die Auseinandersetzung zur Verfügung.

Am 22. Juni 1519 kam Eck mit der Kutsche in Leipzig an und wurde bei keinem geringeren als dem Bürgermeister Benedikt Beringershain in der Petersstraße 2 unweit des Marktes einquartiert. Am folgenden Tag trafen die Wittenberger Reformatoren ein: Dr. Andreas Bodenstein, genannt Karlstadt, Martin Luther

und Philipp Melanchthon. Sie wurden aus gutem Grund von 200 mit Spießen und Hellebarden bewaffneten Studenten begleitet. Luther traute dem Frieden nicht, obwohl ihm Herzog Georg freies Geleit zugesichert hatte. Er hatte die öffentliche Verbrennung des Reformators Jan Hus vier Jahre vorher auf dem Konzil in Konstanz noch vor Augen. Die Wittenberger kamen bei dem Buchdrucker Melchior Lotter im „Haus zum Birnbaum" in der Hainstraße 16–18 unter, dem späteren „Hotel de Pologne". Lotter druckte 1522 auch die erste deutsche Übersetzung des Neuen Testaments, die Luther kurz zuvor auf der Wartburg verfasst hatte.

Die Redeschlacht dauerte insgesamt drei Wochen und dürfte die Geduld manches Teilnehmers gehörig auf die Probe gestellt haben. Zunächst diskutierten Eck und Karlstadt. Dann trat Luther ans Rednerpult und wetterte nicht mehr nur allein gegen den Ablasshandel, sondern stellte die Allmacht der katholischen Kirche grundsätzlich infrage. Auch der Papst und die

Die Leipziger Disputation von 1519, dargestellt auf einem Gemälde von Julius Hübner aus dem Jahr 1866: Links Johannes Eck, von Geistlichen umgeben, nach rechts gewandt, auf seinem Katheder. Zu seinen Füßen der Notar und ein Narr; rechts steht Martin Luther, nach links gewandt, vor seinen im Gestühl sitzenden Anhängern. Neben ihm Karlstadt und Philipp Melanchthon. In der Mitte sitzen die zuhörenden Fürsten, der achtzehnjährige Herzog Barnim von Pommern als Ehrenrektor der Universität Wittenberg und der achtundvierzigjährige Herzog Georg der Bärtige von Sachsen.

Das Titelblatt der in Leipzig von Wolfgang Stöckel gedruckten Predigt von Martin Luther, die er 1519 auf der Pleißenburg gehalten hat, zeigt auf dem Holzschnitt das älteste Porträt Luthers: *„Ein Sermon geprediget tzu Leipßgk uffm Schloß am tag Petri und pauli im XVIIII. Jar, durch den wirdigen vater Doctorem Martinum Luther augustiner zu Wittenburgk, mit entschuldigung etzlicher artickel, ßo ym von etzlichen seiner abgunstigen zugemessen seyn, in der tzeit der Disputacion zu Leipßgk gehalten.“*

Konzilien könnten irren, sagte Luther, der keine andere Autorität mehr gelten lassen wollte als die Bibel (sola scriptura) und damit den endgültigen Bruch mit Rom vollzog.

Nach der Disputation betrachteten sich beide Lager als Sieger. Johannes Eck erwirkte später beim Papst eine Bannbulle gegen Luther, der sich bald darauf vor dem Kaiser in Worms verantworten musste. Erst 20 Jahre später, am Pfingstsonntag des Jahres 1539, brach auch in Leipzig ein neues Zeitalter an: Mit einer Festrede führte Martin Luther in der Thomaskirche die Reformation in Sachsen ein. Die Kirche war völlig überfüllt, viele Leipziger kletterten von außen auf Leitern und schlugen die Scheiben ein, um dabei sein zu können. 14 Tage vorher war Georg der Bärtige, als Gegner der Reformation 1519 Gastgeber der Leipziger Disputation, verstorben.

In den folgenden 300 Jahren war Leipzig mehrfach Schauplatz kriegerischer Auseinandersetzungen. Während des Dreißigjährigen Krieges (1618–1648) um die Vorherrschaft im Heiligen Römischen Reich Deutscher Nation wurde die Stadt schwer in Mitleidenschaft gezogen, mehrfach belagert, beschossen, eingenommen und litt erheblich unter schwedischer Besatzung und kaiserlicher Plünderung. Im Leipziger Randgebiet tobten entscheidende Schlachten, in denen Truppen des protestantischen schwedischen Königs Gustav II. Adolf mit dem wallensteinschen Heer unter Gottfried Heinrich Graf zu Pappenheim auf katholischer Seite aufeinanderprallten. Beide Heerführer fielen 1632 bei Lützen, während einer der Hauptschlachten des Dreißigjährigen Krieges. Erst nach dem Westfälischen Frieden 1648 erlebten Leipzig

und seine Messe einen bemerkenswerten und schnellen Aufschwung: Innerhalb von fünf Jahren wuchs die Einwohnerzahl von 14 000 auf 32 000.

Etwa ein Jahrhundert später, im Siebenjährigen Krieg (1756–1763), in dem Österreich zusammen mit den meisten europäischen Mächten, unter anderem auch mit Sachsen, um die Wiedergewinnung Schlesiens gegen Preußen kämpfte, wurde Leipzig wieder, diesmal allerdings von den preußischen Truppen Friedrichs des Großen, schwer heimgesucht und blieb während des gesamten Krieges besetzt. Friedrich presste aus der Stadt Kontributionen in Höhe von zwölf Millionen Talern. Im späteren Verlauf versuchten die

Ein Blick auf die wirtschaftlich und kulturell blühende Stadt Leipzig zwischen dem Dreißigjährigen und dem Siebenjährigen Krieg: Das Deckblatt zu Johann Sigismund Scholzes Liedersammlung „Singende Muse an der Pleiße" aus dem Jahr 1736 zeigt eine Szene mit der durch Leipzig fließenden Pleiße im Hintergrund. Es wird vermutet, dass das Paar rechts am Tisch Johann Sebastian Bach und seine Frau Anna Magdalena ist.

Leipzig war im Oktober 1813 Schauplatz der Völkerschlacht – dem größten Gefecht der Neuzeit – zwischen preußischen, österreichischen, schwedischen und russischen Truppen auf der einen Seite und den Truppen Napoleons auf der anderen. Dabei wurde der entscheidende Sieg gegen Napoleon errungen und der Rückzug der französischen Truppen hinter den Rhein begann. Der russische Maler Vladimir Ivanovich Moshkov stellte dieses monumentale Gemälde zum Schlachtgeschehen und zehntausendfachen Sterben 1815 fertig.

preußischen Könige mehrfach vergeblich, die Bedeutung der Leipziger Messe zugunsten jener in Breslau zu untergraben.

Maßgeblich die Geschicke der Stadt beeinflusst hat auch die Völkerschlacht im Oktober 1813 in und um Leipzig. Auf französischer Seite ging es um die Vormachtstellung in Europa, aufseiten der Alliierten um die Befreiung von der französischen Fremdherrschaft. Die siegreiche russische Armee trieb die ausgehungerten und dezimierten Truppen Napoleons und der mit ihm verbündeten deutschen Rheinbundstaaten vor sich her. Allein von den 21 000 nach Russland ausgezogenen sächsischen Soldaten waren nur noch 6000 übrig geblieben. In Leipzig warteten schon Preußen, Österreicher und Schweden auf den französischen Kaiser. Hier kam es zur Entscheidungsschlacht der Befreiungskriege, an der über 500 000 Soldaten teilnahmen, von denen etwa 100 000 ihr Leben ließen. Aufgrund der Dimension der Schlacht, die als größte der Neuzeit

gilt, hat später der Schriftsteller Achim von Arnim den Begriff „Völkerschlacht" geprägt.

Zunächst sah in Leipzig alles gut aus für Napoleon, er verkündete sogar am 16. Oktober 1813 vorzeitig seinen Sieg und ließ alle Kirchenglocken der Stadt läuten. Seinen Befehlsstand hatte er in der Leipziger Quandtschen Tabaksmühle, die eine gute Rundumsicht bot. Heute markiert der Napoleonstein diese Stelle. Auf dem Denkmal liegen Stock, Fernglas und Dreispitz des Kaisers in Stein gehauen. Die letzte Nacht in Leipzig verbrachte Napoleon im Hotel de Prusse am Roßplatz, der Name war ein schlechtes Omen! Am 18. Oktober 1813 lief ein Großteil der sächsischen Truppen zu den Alliierten über, Napoleons Kriegsglück wendete sich und er verließ einen Tag später in fliegender Hast die Stadt Richtung Westen. Der preußische Generalfeldmarschall Gebhard Leberecht von Blücher hätte ihn gern mit 20 000 Reitern verfolgt, aber die verbündeten Monarchen wink-

Nach der Völkerschlacht am 18. Oktober 1813 überbringt der Oberbefehlshaber der Alliierten, Karl Philipp Fürst von Schwarzenberg, dem russischen Zaren Alexander I., dem preußischen König Friedrich Wilhelm III. und dem habsburgischen Kaiser Franz I. die Nachricht vom Sieg.

ten ab. Noch in seiner späteren Gefangenschaft auf St. Helena wird Napoleon immer wieder sagen, dass die Sachsen ihn verraten hätten. Dies scheint aber eher ein vorgeschobener Grund gewesen zu sein und für ihn als Alibi gedient zu haben, zumal die verbliebenen sächsischen Truppen nicht kriegsentscheidend waren. Auf dem sogenannten Monarchenhügel im jetzigen Stadtteil Meusdorf beobachteten der russische Zar Alexander I., der preußische König Friedrich Wilhelm III. und der habsburgische Kaiser Franz I. die Schlacht, bis ihnen der Oberbefehlshaber der Alliierten, Karl Philipp Fürst von Schwarzenberg, die Siegesnachricht überbrachte. Danach ritten sie triumphierend in die Stadt ein. Der zögerliche und ängstliche sächsische König Friedrich August I. kam ihnen zur Begrüßung entgegen, wurde aber keines Blickes gewürdigt. Er sollte später auf dem Wiener Kongress 1815 bei der Neuaufteilung Europas über die Hälfte seines Territoriums verlieren.

Auch für Leipzig war die Völkerschlacht ein großer Einschnitt. Sie brachte unendlich viel Elend über die Stadt, ein Großteil der 33 000 Einwohner kam entweder durch direkte Kriegseinwirkungen oder später durch Hunger und Seuchen, vor allem durch eine Typhusepidemie, um. 40 000 Verwundete ließ die Völkerschlacht zurück, meist in provisorischen Lazaretten. Auch danach herrschte in Leipzig noch Kriegsrecht. Es dauerte Jahre, bis sich die Stadt von diesem Aderlass erholte. In Leipzig gibt es viele Denkmäler, die die Erinnerungen an jene entbehrungs- und verlustreiche Zeit wachhalten. Das imposanteste von allen ist das Völkerschlachtdenkmal im Südosten der Stadt, von den Leipzigern kurz und knapp „Völki"

genannt. Die Idee der Errichtung von Europas größtem Geschichtsdenkmal stammt vom Schriftsteller und Freiheitskämpfer Ernst Moritz Arndt, der forderte, „dass auf den Feldern bei Leipzig ein Ehrenmal errichtet werden muss, das dem spätesten Enkel noch sage, was daselbst im Oktober 1813 geschehen … Soll es geschehen, so muss es groß und herrlich seyn, wie ein Koloss, eine Pyramide, ein Dom in Köln". Zur Einhundertjahrfeier wurde von den Herrschern der beteiligten Siegerarmeen auf den ehemaligen Schlachtfeldern ein 91 Meter hoher „Dom" aus 26 500 Granitblöcken und 120 000 Kubikmetern Beton eingeweiht. Das Geld zum Bau war durch Spenden des

Das 91 Meter hohe Völkerschlachtdenkmal wurde 1913 zum hundertjährigen Gedenken der Leipziger Völkerschlacht gegen Napoleon eingeweiht und steht mitten auf dem ehemaligen Schlachtfeld, hier zu sehen mit einer Spiegelung im sogenannten „See der Tränen um die gefallenen Soldaten". Von Europas größtem Geschichtsdenkmal aus hat man einen phänomenalen Panoramablick auf Leipzig und die Umgebung.

Theodor Fontane unternahm im Herbst 1841 ausgedehnte Wanderungen auf den Schlachtfeldern der Völkerschlacht, nahm dort die Stimmung auf und fasste das Erlebte und seine Gefühle in folgende melancholische und hintergründige Verse, die im Leipziger Tageblatt veröffentlicht wurden:

Auf Leipzigs Schlachtgefilden
Ich heute gewandert bin,
Das fallende Laub der Bäume
Tanzte vor mich hin.

Der Herbst muss von den Bäumen
Die Blätter mähn und wehn,
Wenn wir den neuen Frühling
In Blüten wollen sehn.

Ein Herbst hat hier genommen
Des deutschen Laubes viel, –
Wann wird der Frühling kommen,
Für den es freudig fiel?

Volkes aufgebracht worden. Das sächsische Königshaus zeigte kein Interesse, der Niederlage des Vorgängers Friedrich August I. ein Denkmal zu setzen. Das Völkerschlachtdenkmal wurde von dem Berliner Architekten Bruno Schmitz, der unter anderem auch das Kyffhäuserdenkmal in Bad Frankenhausen geplant hatte, als Grabturm in Form einer steil aufragenden Pyramide mit Aussichtsplattform an der Spitze angelegt, zu der 364 Stufen führen. Am Haupteingang befindet sich ein monumentales steinernes Schlachtenrelief, aus dem sich die Figur des Erzengels Michael mit dem Schild eines Kreuzritters, einem Flammenschwert und Adlerblick über elf Meter hoch erhebt. Unterhalb der Denkmalskrone stehen zwölf Soldaten auf ihr Schwert gestützt, die die Totenwache halten. Im Fundament befindet sich die Krypta, die gemeinsame Grabstätte der Gefallenen. Vor dem Mahnmal streckt sich ein flaches Wasserbecken aus, in dem sich der gewaltige Koloss spiegelt und geradezu beängstigend wirkt. Am eindrucksvollsten ist aber immer noch der Blick aus der Ferne, wunderschön die Aussicht von oben. Zu DDR-Zeiten wurde das Völkerschlachtdenkmal zum Symbol für die deutsch-sowjetische Waffenbrüderschaft. Immerhin waren hier 130 000 Russen am Sieg über Napoleon beteiligt. Zum 200. Jahrestag der Schlacht wurde das Denkmal 2013 aufwendig restauriert und verschlang etwa die gleichen Kosten wie bei seiner Errichtung.

Als weitere Erinnerung an die Völkerschlacht gilt die Russische St.-Alexi-Gedächtniskirche im Nowgoroder Stil, die etwa einen Kilometer vom Völkerschlachtdenkmal in Richtung Stadtzentrum entfernt in unmittelbarer Nähe der Deutschen Nationalbibliothek liegt.

Sie wurde 1913 vom russischen Staat und aus privaten Spenden für die 22 000 in der Völkerschlacht gefallenen Russen nach dem Vorbild der aus dem 16. Jahrhundert stammenden Christi-Himmelfahrts-Kirche in Moskau erbaut. Die vergoldete Kuppel des 55 Meter hohen Turms ist schon von weitem sichtbar. Die Ausstattung ist prächtig, insbesondere die 18 Meter hohe Ikonenwand und ein 80 Kilogramm schwerer Kronleuchter aus Jaspis. Die Kirche wird bis zum heutigen Tag von der orthodoxen Gemeinde als Gotteshaus genutzt.

Nach der Völkerschlacht brauchte Leipzig einige Zeit der Erholung. Doch durch die Industrialisierung, die Konzentration von Transport, Handel und Verlagswesen und die Eingemeindung der Vororte stieg die Zahl der Einwohner bald wieder stetig, 1864 waren es bereits über 100 000. Mittlerweile zur Großstadt angewachsen, entwickelte sich Leipzig in der zweiten Hälfte des 19. Jahrhunderts zu einer im Deutschen Reich führenden Industriestadt mit einer erstarkenden Arbeiterbewegung.

Die Russische Gedächtniskirche in der Philipp-Rosenthal-Straße erinnert an die 22 000 in der Völkerschlacht gefallenen russischen Soldaten. 1912/1913 vom Architekten Wladimir A. Pokrowski im Nowgoroder Stil erbaut und am 17. Oktober 1913 zur Hundertjahrfeier der Schlacht eingeweiht, ist sie ein bedeutendes und imposantes Bauwerk. Der 55 Meter hohe, sechzehnseitige Turm trägt eine goldene Zwiebelkuppel.

Das jüdische Leipzig

Für die Entwicklung Leipzigs zu einer Großstadt war der Messehandel und insbesondere das Pelzgeschäft von entscheidender Bedeutung. Diese Branche lag zumeist in der Hand jüdischer Händler, die durch ihre weitreichenden internationalen Kontakte der Stadt zu einer bemerkenswerten Prosperität verhalfen. Dabei wurde der Brühl, eine Geschäftsstraße in der Innenstadt, zum Synonym für die Leipziger Rauchwarenbranche und ihr Ansehen in der Welt. Der Beginn des Messehandels in der zweiten Hälfte des 13. Jahrhunderts war somit auch der Beginn jüdischen Lebens in Leipzig. Die Zahl der Juden beschränkte sich im Mittelalter zunächst auf einige wenige Familien, die abgesondert lebten und bis ins 15. Jahrhundert hinein weder eine eigene Gemeinde bildeten noch einen Friedhof besaßen und immer wieder vertrieben wurden. In der zweiten Hälfte des 16. Jahrhunderts wurde sogar ihre flächendeckende Ausweisung aus Sachsen angeordnet, wobei der Besuch der Messe dreimal im Jahr gestattet blieb. Das Geschäft hatte Priorität! Erst drei Jahrhunderte später sollte ihnen ein dauerhaftes Bleiberecht und die Gründung einer eigenen Gemeinde zugesprochen und gesetzlich verankert werden.

Die Aufhebung des Ansiedlungsverbotes und eine neue Gewerbeordnung Mitte des 19. Jahrhunderts bescherten den Juden nicht nur eine wirtschaftliche Freizügigkeit, sondern auch Gleichberechtigung und Anerkennung. Zahlreiche jüdische Einwanderer, vor allem aus dem östlichen Europa, gründeten Niederlassungen oder verlegten ihre Firmensitze in die Messe-

Das jüdische Leben hat in Leipzig Tradition. Vor allem im Pelzgeschäft waren über Jahrhunderte viele jüdische Händler tätig, rechts der Rauchwarenhändler Chaim Eitingon, dessen Familie in den 1920er-Jahren auch als „Rothschilds von Leipzig" bekannt war. Die 1855 erbaute erste und zugleich bedeutendste Synagoge Leipzigs war die Große Gemeindesynagoge in der Gottschedstraße (links). In der Nacht vom 9. zum 10. November 1938 durch Brandstiftung zerstört, wurde der ehemalige Standort in Erinnerung an die Novemberpogrome von 1938 im Jahr 2001 zu einem Mahnmal umgestaltet.

stadt. Am bedeutendsten waren die aus Weißrussland stammenden Rauchwarenhändler Julius Ariowitsch und Chaim Eitingon, der als „Pelz-König" galt. Ihre neugegründeten Unternehmen standen bereits nach kurzer Zeit an der Spitze der Leipziger Großhandelsfirmen. Wichtig war auch Max Katz, ein russisch-jüdischer Pelzhändler, der sein Geschäft in der Nikolaistraße 31 gründete. Sein Sohn Bernard Katz besuchte das humanistische König-Albert-Gymnasium, studierte von 1929 bis 1934 in Leipzig Medizin und emigrierte 1935 nach England, wo er seine wissenschaftliche Karriere fortsetzte und 1970 den Nobelpreis für Medizin erhielt. 1990 wurde er Ehrendoktor der Leipziger Universität. Im Park des Universitäts-Klinikums an der Liebigstraße steht ein Gedenkstein für ihn.
Nach den Plänen von Otto Simonson, einem Schüler des Architekten Gottfried Semper, entstand 1855 die Große Gemeindesynagoge für 1600 Gläubige in der

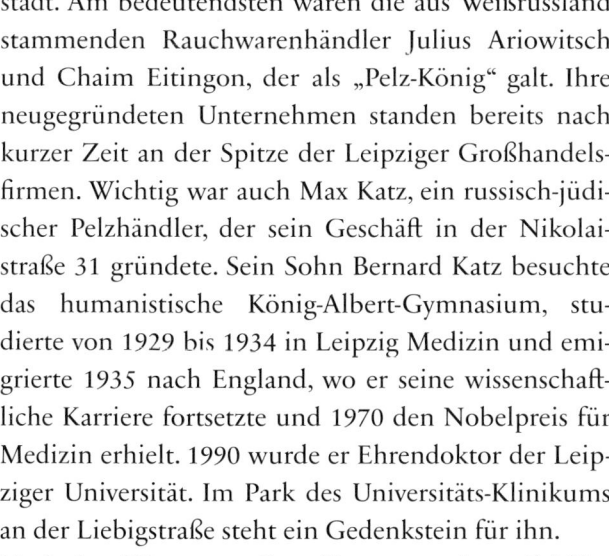

Der Literaturnobelpreis-
träger Samuel Joseph Agnon
gilt als einer der wichtigsten
hebräischen Schriftsteller des
20. Jahrhunderts.

Gottschedstraße 3, die in der Bevölkerung „der Tempel"
genannt wurde.

Die jüdische Gemeinde wuchs sprunghaft von 140 im
Jahr 1832 bis zu etwa 15 000 1928; sie war damit die
sechstgrößte jüdische Gemeinde Deutschlands. Der
aus Posen stammende jüdische Theologe Abraham
Meyer Goldschmidt übernahm 1858 das Leipziger
Rabbinat. Seine Frau Henriette gründete 1911 die
Hochschule für Frauen, die erste Akademie für klassische Frauenberufe in Deutschland, die unter der Auf-
sicht des Sächsischen Ministeriums für Kultur stand
und damit öffentlich war. Zeitweise saß auch die
Schriftstellerin Ricarda Huch im Kuratorium. Das
Schulgebäude in der nach ihr benannten Goldschmidtstraße 20 hat den Krieg überdauert und trägt
heute eine Gedenktafel zur Erinnerung.

Viele Juden aus Osteuropa zogen auf ihrem Weg nach
Palästina durch Leipzig. Einer von ihnen war Samuel
Joseph Agnon aus Galizien, der sich von 1915 bis 1924
oft bei Verwandten in Leipzig aufhielt. Hier siedelte er
auch seinen Roman „Herrn Lublins Laden" an. Dabei
handelt es sich um einen mit Küchengeräten handeln-
den jüdischen Geschäftsmann, der im Böttchergäßchen unweit des Marktes wohnt. Agnon erhielt 1966
den Literaturnobelpreis „für seine tiefgründige charak-
teristische Erzählkunst mit Motiven aus dem jüdischen Volk". Sein Konterfei ist auf dem israelischen 50-
Schekel-Schein abgebildet.

Auch Leipzigs Rolle als Buchhandels- und Verlagsmetropole wirkte anziehend. Der wohl bekannteste
jüdische Verleger war Henri Hinrichsen, der zwischen
1900 und 1938 den bedeutenden Musikverlag
C. F. Peters führte. Seine zahlreichen wohltätigen

Unternehmungen, wie zum Beispiel die Stiftung der Hochschule für Frauen und das Museum für Musikinstrumente der Universität Leipzig, brachten ihm 1929 den Ehrendoktortitel ein. 1942 wurde er verhaftet und noch im selben Jahr im Konzentrationslager Auschwitz-Birkenau ermordet.

Die Namensliste der engagierten Juden, die das Stadtbild und die Geschichte Leipzigs prägten, ist lang. Viele bronzene Stolpersteine, eingelassen in den Leipziger Fußwegen, sollen den aufmerksamen Fußgänger an einzelne jüdische Biografien erinnern. Die Normalität jüdischen Lebens kam wie überall in Deutschland mit der Machtübernahme durch die Nationalsozialisten ab 1933 zum Erliegen. Entrechtung, Verfolgung und Vernichtung bedeuteten auch für Leipzig einen unwiederbringlichen Verlust und eine Zerstörung wichtiger Teile des kulturellen Erbes. In der Nacht vom 9. zum 10. November 1938 wurden die Ez-Chaim-Synagoge in der Otto-Schill-Straße 6–8 und die Große Gemeindesynagoge zerstört. Heute befindet sich an der Ecke Gottschedstraße/Zentralstraße ein eindrucksvolles großflächiges Mahnmal mit dem Grundriss des Gotteshauses und 140 leeren Bronzestühlen. Allein die kleinere Brodyer Synagoge in der Keilstraße 4 blieb erhalten, weil sie direkt an Wohnhäuser angrenzt. Am Tag nach der Pogromnacht wurden mehrere hundert Juden am Parthe-Ufer zusam-

Seit 1900 war der jüdische Verleger Henri Hinrichsen Inhaber des 1800 unter dem Namen C. F. Peters in Leipzig gegründeten Verlags, der zu den ältesten und renommiertesten Musikverlagen der Welt gehört. In der Edition Peters werden bis heute Werke der bedeutendsten Komponisten der Musikgeschichte verlegt, hier ein typischer Umschlag einer Ausgabe um 1890.

An der Ecke Gottschedstraße/Zentralstraße liegen Holocaustdenkmal und Szene-Kneipen in unmittelbarer Nachbarschaft. Auf dem Platz der ehemaligen Großen Gemeindesynagoge erinnern 140 leere Bronzestühle an die fast 14 000 von den Nationalsozialisten ermordeten jüdischen Bürger Leipzigs und die zerstörte Synagoge.

mengetrieben und anschließend vom Hauptbahnhof aus in das Konzentrationslager Buchenwald deportiert. An der Ecke Parthenstraße/Pfaffendorfer Straße sowie am Hauptbahnhof stehen heute Gedenksteine. Es folgten mehrere Abtransporte Leipziger Juden in Vernichtungslager, der letzte Deportationszug fuhr am 14. Februar 1945 mit 169 Insassen von Leipzig nach Theresienstadt.

Nach dem Krieg gründeten die wenigen jüdischen Überlebenden eine neue Israelitische Religionsgemeinde. Auch die SED betrachtete sie mit Misstrauen und inszenierte 1952 eine antizionistische und antisemitische Kampagne, die wiederum zur Flucht vieler Juden aus Leipzig führte. Erst seit der Wiedervereinigung befördert die Stadt in vielfältiger Weise die Erinnerung an die Geschichte und Kultur ihrer jüdischen Mitbürger und das Gedenken an die Opfer des Holocaust. Seit 1995 findet alle zwei Jahre die „Jüdische Woche" statt, ein über sieben Tage andauerndes Kulturfestival, zu dem auch Holocaust-Überlebende eingeladen werden. Heute besteht die Jüdische Gemeinde aus etwa 1300 Mitgliedern, darunter ein großer Anteil von Juden aus der ehemaligen Sowjetunion, die in den letzten Jahren nach Leipzig gekommen sind. Ein Rabbiner und eine Religionslehrerin tragen dafür Sorge, dass sich das religiöse Leben vertieft und verbreitet. Eine Thora-Schule, ein jüdischer Kindergarten sowie ein Kultur- und Begegnungszentrum, das „Ariowitsch-Haus" in der Hinrichsenstraße 14, verdeutlichen die Bemühungen in Richtung Wiedereinbeziehung der jüdischen Kultur in das Stadtgeschehen.

Leipzig und seine politischen Traditionen

Leipzig ist die Wiege und Wirkstätte zahlreicher Politiker und politischer Vereinigungen. Wichtige Impulse gingen dabei von den Buchdruckern aus, die über ein starkes handwerkliches Selbstbewusstsein und eine relativ gute Bildung verfügten, deren Gewerbe aber durch die Mechanisierung mehr und mehr bedroht war. Als Zentrum des Verlagswesens war es daher kein Zufall, dass der Allgemeine Deutsche Arbeiterverein am 23. Mai 1863 von zwölf Delegierten aus elf Städten (genannt die „zwölf Getreuen") in Leipzig gegründet wurde. Vorsitzender der ersten deutschen Arbeiterpartei, dem Vorläufer der heutigen Sozialdemokratischen Partei Deutschlands (SPD), wurde der begnadete Redner, Schriftsteller und Politiker Ferdinand Lassalle.

1865 siedelte einer der Gründerväter der SPD, Wilhelm Liebknecht, von Berlin nach Leipzig über. Von 1867 bis 1881 wohnte er mit seiner Familie in der Braustraße 15. Dort kam auch 1871 sein nicht minder politisch aktiver Sohn Karl zur Welt, der später als einziger Reichstagsabgeordneter im Dezember 1912 gegen die Kriegsanleihen für den Ersten Weltkrieg stimmen und am 9. November 1918 auf dem Balkon des Berliner Stadtschlosses die sozialistische Republik ausrufen sollte. Seine Taufpaten waren die politischen Weggefährten seines Vaters, Karl Marx und Friedrich Engels, die allerdings an der Taufe in der Thomas-

Der Schriftsteller, sozialistische Politiker und Wortführer der frühen deutschen Arbeiterbewegung Ferdinand Lassalle, hier auf einer Fotografie von 1860, war Vorsitzender des 1863 im Leipziger Pantheon gegründeten Allgemeinen Deutschen Arbeitervereins.

81

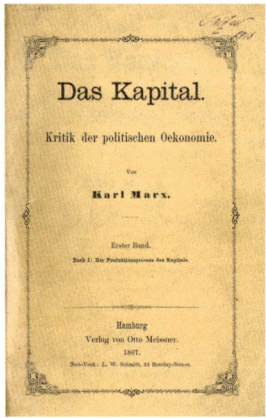

Die Erstausgabe von Karl Marx' wohl wichtigstem kapitalismuskritischen Werk „Das Kapital" wurde 1867 in der Druckerei Otto Wiegand in Leipzig gedruckt. Oben der Philosoph auf einer Fotografie von 1875, unten das Titelblatt der Erstausgabe.

kirche nicht teilnahmen. Dafür besuchte Marx vom 22. bis zum 24. September 1874 zusammen mit seiner Tochter Eleanor seinen Täufling und wohnte in dieser Zeit im heute noch erhaltenen „Hotel Am Bayerischen Bahnhof". 1867 war hier in Leipzig auch die Erstausgabe von Marx' „Kapital" gedruckt worden. August Bebel, ebenfalls Mitbegründer der deutschen Sozialdemokratie, kam bereits 1860 ins damals „rote Sachsen". 1864 gründete er im ehemaligen Pferdestall des Gasthauses „Zu den drei Königen" in der Petersstraße 32/34 eine eigene Drechslerwerkstatt, in der ersten Etage wohnte er später. 1866 heiratete Bebel in der Thomaskirche. Zunächst war er noch liberalen Ideen verhaftet, erst später las er durch die Bekanntschaft mit Wilhelm Liebknecht die Schriften von Karl Marx. Gegen Bebel und Liebknecht fand im März 1872 vor dem Schwurgericht der Leipziger Hochverratsprozess statt. Beide hatten sich am 19. Juli 1870 bei der Abstimmung zur Bewilligung der Kriegskredite im Reichstag für den Deutsch-Französischen Krieg der Stimme enthalten. Im Prozess wurde beiden zunächst Landes-, später Hochverrat vorgeworfen. Sie wurden schuldig gesprochen und zu zwei Jahren Festungshaft in Hubertusburg bei Leipzig verurteilt.

Gut 60 Jahre später fand ein weiterer spektakulärer politischer Prozess in Leipzig statt, der als Reichstagsbrandprozess in die Geschichte einging. Mittlerweile war in Leipzig das oberste Gericht Deutschlands, das Reichsgericht, ansässig. Vor dem dortigen IV. Strafsenat wurden Ende 1933 die Hintergründe des Reichstagsbrandes verhandelt. Schuldige mussten gefunden, politische Gegner kaltgestellt werden. Die Veranstaltung sollte eine Machtdemonstration der NSDAP und

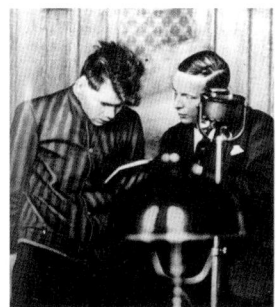

ein Schaulaufen ihrer mächtigsten Vertreter werden. Die Nationalsozialisten wollten den Reichstagsbrand als Vorwand nutzen, um gegen ihre Gegner, insbesondere die deutschen Kommunisten, vorgehen zu können. Der Brand war in der Nacht vom 27. auf den 28. Februar 1933 angeblich vom links orientierten Holländer Marinus van der Lubbe gelegt worden. Ob er allein handelte oder ob es Hintermänner gab, blieb trotz intensiver Recherchen und propagandistischer Auftritte der NS-Größen Joseph Goebbels und Hermann Göring vor Gericht unklar. Zum Schluss wurde van der Lubbe zum Tode verurteilt, vier weitere Angeklagte, unter ihnen der bekannte bulgarische Kommunist Georgi Dimitroff, wurden aus Mangel an Beweisen freigesprochen. Der Plan der Nationalsozialisten ging nicht auf. Das Urteil blieb hoch umstritten und wurde 1998 aufgehoben. In der DDR war der Sieg Dimitroffs über die Nationalsozialisten und ihre Propaganda legendär, von 1952 bis 1991 war im Gebäude des ehemaligen Reichsgerichts das Georgi-Dimitroff-Museum beheimatet.

Nach dem Reichstagsbrand im Februar 1933 in Berlin wurde von den Nationalsozialisten im Leipziger Reichsgericht ein Schauprozess gegen den links orientierten Holländer Marinus van der Lubbe, auf dem oberen Bild links mit seinem Übersetzer, abgehalten. Als Zeuge war unter anderem der Reichsminister Hermann Göring (ganz links oben) geladen. Van der Lubbe wurde zum Tode verurteilt, seine Mitangeklagten, darunter der bekannte Kommunist Georgi Dimitroff (unteres Bild links), wurden freigesprochen.

Die Friedensaktivistin und Frauenrechtlerin Clara Zetkin wuchs in Leipzig auf und machte hier ihre ersten Schritte in die Politik. Ihr zu Ehren wurde im nach ihr benannten Park in Leipzig ein Denkmal aufgestellt.

In Leipzig steht auch die Wiege der deutschen Frauenrechtsbewegung. 1865 gründeten Louise Otto-Peters und Auguste Schmidt den Allgemeinen Deutschen Frauenverein, dessen zentrale Forderungen mehr Rechte für Frauen und gleiche Bildung waren. Beide hatten als Hauptvertreterinnen der bürgerlichen Frauenbewegung Kontakt zu der Mutter von Clara Josephine Zetkin, geb. Eißner. Familie Eißner war 1872 aus der sächsischen Provinz nach Leipzig übergesiedelt, wo Clara 1874 in Privatseminaren zur Volksschullehrerin ausgebildet wurde. Sie war anfänglich in der SPD, später in der Kommunistischen Partei Deutschlands (KPD) politisch aktiv und von 1920 bis 1933 Reichstagsabgeordnete, zuletzt auch als Alterspräsidentin des Reichstags tätig. Nach der Emigration starb sie im russischen Exil. Der sowjetische Generalissimus Josef Stalin höchstpersönlich trug ihre Urne an die Moskauer Kremlmauer, wo sie beigesetzt wurde. Nach ihr ist eine ausgedehnte Parkanlage in Leipzig benannt.

Von 1930 bis 1936 war Carl Friedrich Goerdeler Oberbürgermeister in Leipzig und hatte seinen Amtssitz im Neuen Rathaus. Er war wertkonservativ und übte sein Amt als Verwaltungsfachmann mit preußischer Gründlichkeit aus. Geradlinig, sparsam und entscheidungsfreudig, ging er Konflikten nicht aus dem Weg. Von den an Bedeutung zunehmenden Nationalsozialisten ließ er sich nicht vereinnahmen. Als im Mai 1936 die NSDAP-Kreisleitung Leipzig forderte, das

Denkmal des „Vollblutjuden" Mendelssohn Bartholdy vor dem Gewandhaus entfernen zu lassen, lehnte er ab. Die Thomaner sangen weiter Lieder Mendelssohns. Im November 1936 – Goerdeler befand sich auf einer Dienstreise – ließ sein Stellvertreter, der Nationalsozialist Rudolf Haake, das Denkmal in einer Nacht- und Nebelaktion schleifen. Goerdeler war entrüstet, trat als Oberbürgermeister zurück und wurde zum Gegner der Nationalsozialisten: „Das deutsche Volk muss und wird sich selbst von einem System befreien, das unter dem Schutz des Terrors ungeheuerliche Verbrechen begeht und Recht, Ehre und Freiheit des deutschen Volkes zerstört hat."

Als er sich ein letztes Mal im Gewandhaus sehen ließ, wurde er frenetisch vom Publikum gefeiert. Peinlich für die Nazis! Vor dem Zweiten Weltkrieg hielt er Kontakt zu den Westmächten und warnte vor den Gefahren, im Krieg gehörte er zum konservativen Kreis des Widerstandes. Er sollte nach dem Attentat auf Hitler vom 20. Juli 1944 durch Oberstleutnant Schenk Graf von Stauffenberg Reichskanzler werden. Das Attentat scheiterte, Goerdeler wurde vom Volksgerichtshof zum Tode verurteilt und in Plötzensee hingerichtet.

Auch Walter Ulbricht, Berufsrevolutionär, hochrangiger Funktionär der KPD in der Weimarer Republik und Machtpolitiker in der Führungsriege der DDR, war Leipziger, geboren in der Gottschedstraße 25. Sein wisperndes Sächseln gab den ganzen Volksstamm der Lächerlichkeit Preis. Ulbricht, der die Jahre des Zweiten Weltkrieges in Moskau zugebracht hatte, wurde kurz vor Kriegsende von den Russen nach Berlin geflogen, um hier die neue Ordnung russischer Machart aufzurichten und ihr Statthalter zu werden – bis ihn

Der Leipziger Oberbürgermeister Carl Friedrich Goerdeler, im Amt von 1930 bis 1936, war bekennender Gegner der Nationalsozialisten und sollte 1944 nach dem Stauffenberg-Attentat auf Hitler Reichskanzler werden. Nach dessen Scheitern wurde Goerdeler zum Tode verurteilt und hingerichtet. Die Stadt Leipzig hält die Erinnerung an den hier auf einer Fotografie um 1944 dargestellten Widerstandskämpfer wach, unter anderem mit einer kleinen begehbaren Gedenkarena unterhalb des Neuen Rathauses.

Der gebürtige Leipziger Walter Ulbricht besaß als Generalsekretär des Zentralkomitees der SED von 1950 an über zwanzig Jahre die höchste politische Entscheidungsgewalt in der DDR, hier in der Bildmitte zu sehen bei einem propagandistischen Auftritt beim Deutschen Turn- und Sportfest in Leipzig 1959.

sein Nachfolger, Erich Honecker, wiederum mit Hilfe der Russen 1971 stürzte, der fast 20 Jahre später von Egon Krenz abgesetzt werden sollte.

Stadt der Denker und Wissenschaftler

Die Leipziger Universität, die Alma Mater Lipsiensis, wurde 1409 unter dem Motto „aus Tradition Grenzen überschreiten" gegründet, hier das Siegel aus dem Gründungsjahr.

Leipzig hat nicht nur eine wichtige politische Vergangenheit, über die Jahrhunderte brachte sie auch zahlreiche Gelehrte und Wissenschaftler hervor. Zu verdanken ist dies in erster Linie wohl der Universität, die hier bereits 1409 gegründet wurde. Damit gehört sie zu den ältesten Hochschulen Deutschlands.

Den Anstoß dazu gaben Streitigkeiten an der Prager Karls-Universität, woraufhin viele deutschsprachige Lehrkräfte und Studenten nach Leipzig gingen und dort von Friedrich IV., dem Markgrafen von Meißen, mit offenen Armen empfangen wurden. Er versprach sich von der Universitätsgründung Prosperität und Ansehen und erwirkte beim Papst die Erlaubnis zum Studium generale. Die päpstliche Bulle wurde am 9. September 1409 ausgestellt, die feierliche Eröffnung erfolgte am 2. Dezember 1409 im Thomaskloster. Die Stadt überließ der jungen Universität einige Immobilien. Im ersten Wintersemester 1409/1410 lehrten und studierten an der Universität Leipzig 43 Magister und 369 Studenten. Erster Rektor war der Theologe Johannes Otto von Münsterberg, der schon in Prag Rektor gewesen war. In der Folgezeit entwickelte sich die Universität stetig weiter, 1415 wurde die medizinische, 1446 die juristische Fakultät gegründet. Seit 1542 gab es einen Botanischen Garten, der sich heute in der Linnéstraße befindet und der älteste Deutschlands ist. 1543 übergab Herzog Moritz von Sachsen nach der Säkularisation das Dominikanerkloster samt aller Güter als „Collegium Paulinum" an die Universität, die damit zu einer der reichsten in Deutschland wurde. Die Klosterkirche St. Pauli wurde 1545 von Martin Luther als Universitätskirche geweiht, auch die umfangreiche Klosterbibliothek ging in den Besitz der Hochschule über.

In den folgenden Jahrhunderten entwickelte sich die Leipziger Universität stetig weiter und bot vielen berühmten Köpfen die Möglichkeit zu Studium und Lehre. Schon mit 15 Jahren kam einer der letzten großen Universalgelehrten Europas an diese Hochschule: der Philosoph, Rechtswissenschaftler, Mathematiker, Physiker, Diplomat, Historiker und Alchemist Gottfried Wilhelm Leibniz. Ein Jahr später veröffentlichte er seine erste philosophische Schrift, mit 18 Jahren war

Zum Leipziger Universitätsjubiläum 1809 erschien diese Zeichnung, die Studententrachten im Laufe der Zeit von 1409, 1509, 1609 und 1709 zeigt (v. l.).

Einer der letzten großen Universalgelehrten, Gottfried Wilhelm Leibniz, ganz oben auf einem Gemälde von Christoph Bernhard Francke um 1700, wurde in Leipzig geboren. Er studierte hier, verließ die Stadt aber mit 20 Jahren. Christian Thomasius, darunter auf einem Kupferstich aus dem 18. Jahrhundert, dessen Vater Leibniz unterrichtete, war Wegbereiter der frühen Aufklärung und lehrte wie sein Vater an der Leipziger Universität.

er Magister, mit 20 wollte er promovieren. Doch die Leipziger Professoren ließen dies wegen „zu großer Jugend" nicht zu. Daraufhin verließ er enttäuscht die Universität, ging nach Nürnberg und später nach Hannover, wo er in den nächsten Jahrzehnten mit mehr als 1100 Wissenschaftlern aus 16 Ländern korrespondierte und alles erreichte, was man zu der Zeit erreichen konnte. 1708 schrieb Leibniz an den bekannten Leipziger Theologieprofessor Adam Rechenberg: „Ich liebe Leipzig, wie es sich für die Heimat geziemt, und habe nicht das Gefühl, dass sie gegen mich undankbar war. Ich habe keinen Grund zur Klage darüber, dass ich als junger Mann und fast noch ein Knabe unter so vielen Männern, die an Alter und Gelehrsamkeit hervorragten, nicht auffiel. Dennoch reut mich meine Ungeduld nicht. Die Irrtümer der Menschen werden durch die göttliche Vorsehung gelenkt, sodass oft schlechte Entschlüsse zum Guten führen." Zum Gedenken an den berühmten Sohn der Stadt wurde 1883 auf dem neuen Campus der Leipziger Universität, im sogenannten Leibnizforum, ein sehr stattliches, überlebensgroßes Bronzedenkmal mit Leibniz' Konterfei eingeweiht. An jeder Seite des Sockels stellen allegorische Frauenfiguren die vier klassischen Fakultäten dar.

Der Lehrer von Leibniz in der Nikolaischule war der spätere Universitätsrektor Jakob Thomasius, dessen Sohn Christian Thomasius bereits mit 14 Jahren an der Alma Mater Lipsiensis immatrikuliert war und zunächst Philosophie, dann Rechtswissenschaften studierte. Der jüngere Thomasius wurde zum Wegbereiter der frühen Aufklärung und trat für eine humane Strafordnung mit Abschaffung der Hexenprozesse und der Folter ein. Er lehrte ebenfalls an der Universität und hielt dort erstmals eine Vorlesung in deutscher Sprache statt in Latein, später begründete er mit „Lustige und Ernsthafte Monatsgespräche" die erste deutschsprachige wissenschaftliche Zeitschrift, nachdem bereits 1682 die erste wissenschaftliche Zeitschrift Deutschlands, die „Acta Eruditorum", in Leipzig erschienen war, allerdings in lateinischer Sprache.

Ab 1725 lehrte der deutsche Schriftsteller Johann Christoph Gottsched hier, wurde später Rektor und Professor für Poesie und ließ die Universität weit nach außen strahlen. Als Friedrich der Große 1757 im Siebenjährigen Krieg Leipzig besetzte, ließ er Gottsched zu sich kommen, dessen Abhandlungen über die „Deutsche Sprachkunst" gerade für große Anerkennung sorgten, allerdings nicht bei Friedrich, der sich vorzugsweise auf Französisch unterhielt. Er nannte Gottsched einen „cygne saxon", einen „sächsischen Schwan", der „die Herbheit der Töne einer barbarischen Sprache mildern werde". Der Monarch ließ sich einige Übersetzungen Gottscheds aus dem Französischen vorlesen und verglich sie mit dem Original, das natürlich besser abschnitt. Drei Jahre später, Friedrich war wieder in Leipzig, ließ er den nächsten universitären Leuchtturm kommen: Christian Fürchtegott Gellert, der für seine Morallehre bekannt war, die später Johann Wolfgang von Goethe als „Fundament der deutschen sittlichen Kultur" bezeichnete. Mit ihm diskutierte Friedrich der Große über die Sinnhaftigkeit des Krieges. Da kamen beide wieder nicht auf einen Nenner. Auch zwei der bekanntesten deutschen Philosophen wurden in Leipzig ausgebildet: Johann Gottlieb Fichte sollte später einer der wichtigsten Vertreter

Bei Königsberg geboren, floh Johann Christoph Gottsched (ganz oben) nach Leipzig, um einer drohenden Zwangsrekrutierung der Preußen zu entgehen. Er lehrte an der Universität Poesie und setzte sich stark für die Entwicklung und den guten Ruf der Alma Mater Lipsiensis ein. Unten der Moralphilosoph Christian Fürchtegott Gellert.

des deutschen Idealismus, der Altphilologe Friedrich Nietzsche zu einem der Hauptvertreter des europäischen Nihilismus werden.

1778 gründete Samuel Heinicke die erste Taubstummenlehranstalt der Welt in einer Mietwohnung am Roßplatz. Er führte zum Unterschied zur Zeichensprache die Lautsprache in der Lehre ein, veröffentlichte zahlreiche epochale pädagogische und psychologische Schriften und trat für die Gleichberechtigung von Taubstummen ein.

Im 19. Jahrhundert erfuhr die Universität eine erstaunliche bauliche Vervollkommnung: Das Universitätshauptgebäude am Augustusplatz, die Universitätsbibliothek in der Beethovenstraße, Institute und Kliniken entstanden. Leipzig wurde endgültig zum Pilgerort von Wissenschaftlern und Medizinern aller Couleur. Neue Fakultäten und Lehrstühle wurden eingerichtet, 1848 die Sächsische Akademie der Wissenschaften gegründet. 1810 wurde Johann Christoph Gottfried Jörg erster Ordinarius für Geburtshilfe in Deutschland, 1811 Johann Christian August Heinroth erster Ordinarius für Psychiatrie weltweit, 1852 Theodor Ruete erster Ordinarius für Augenheilkunde in Deutschland, nachdem bereits 1828 Friedrich Philipp Ritterich zum ersten außerplanmäßigen Professor im gleichen Fach ernannt worden war. Otto Heubner begründete 1876 die selbstständige Kinderheilkunde, Franz Credé führte 1881 das Einträufeln einer zweiprozentigen Höllensteinlösung in die Augen von Neugeborenen ein, um die Erblindung durch Gonorrhö zu verhindern, Johann Czermak kreierte den Kehlkopfspiegel, Albert Döderlein fand 1892 die Milchsäurebakterien in der Vagina der Frau.

Zeitweise war die Leipziger Universität Deutschlands größte und am besten ausgestattete, ihr Ruf war im In- und Ausland exzellent. Lehrstuhlinhaber waren zum Beispiel Carl Ludwig (Ehrenbürger Leipzigs 1890) für Physiologie, Wilhelm His für Anatomie, Felix Victor Birch-Hirschfeld für Pathologie, Adolf von Strümpell für Innere Medizin, Carl Thiersch und Friedrich Trendelenburg für Chirurgie, alle weltbekannt. 1879 erfolgte die weltweit erste Eröffnung eines Instituts für experimentelle Psychologie durch Wilhelm Wundt (Ehrenbürger Leipzigs 1902), 1906 das weltweit erste Institut für Geschichte der Medizin durch Karl Sudhoff. Paul Emil Flechsig wurde in Leipzig zum Vater der Neuroanatomie, 1927 wurde die erste Professur für Hirnforschung in Deutschland eingerichtet. 1826

Das imposante Treppenhaus der Bibliotheca Albertina und die umlaufende Galerie mit ihren hohen Rundbogenarkaden nach der Rekonstruktion, die zwischen 1994 und 2002 das Gebäude teilweise in ihren Ursprungszustand von 1891 zurückversetzte. Mit dem Wiederaufbau des im Zweiten Weltkrieg zerstörten Gebäudes erhielt die Universität eine für Nutzer und Besucher attraktive Bibliothek des 21. Jahrhunderts.

Zahlreiche Nobelpreisträger übten ihre Lehrtätigkeit an der Universität Leipzig aus oder wurden hier ausgebildet, darunter der Historiker und Altertumswissenschaftler Theodor Mommsen, oben im Jahr 1870 in hohem Alter abgebildet. Der Chirurg Ernst Ferdinand Sauerbruch, unten auf einer Fotografie von 1932, studierte bis 1901 Medizin an der Alma Mater Lipsiensis.

führte der Physikprofessor Heinrich Wilhelm Brandes die Wetterkarte ein.

Etliche Nobelpreisträger waren im 20. Jahrhundert als Hochschulprofessoren auch in Leipzig tätig, zum Beispiel der Altertumswissenschaftler Theodor Mommsen, 1902 Nobelpreis für Literatur, Gustav Hertz, 1925 Nobelpreis für Physik, Werner Heisenberg, 1932 Nobelpreis für Physik, der Religionshistoriker Nathan Söderblom, 1930 Friedensnobelpreis. Der spätere Reichskanzler Gustav Stresemann studierte in Leipzig Nationalökonomie und wurde 1926 mit dem Friedensnobelpreis ausgezeichnet.

An der Alma Mater Lipsiensis wurden Nachwuchswissenschaftler zu Spitzenforschern herangebildet, wie zum Beispiel die Chemiker Carl Bosch und Friedrich Bergius, die 1931 zusammen den Nobelpreis bekamen. Carl Friedrich von Weizsäcker, Friedrich Hund, beides renommierte Atomphysiker, und der Physiker Felix Bloch, der 1952 den Nobelpreis für Physik erhielt, folgten Werner Heisenberg nach. Die Mediziner Paul Ehrlich und Bernard Katz studierten und promovierten in Leipzig, Ehrlich erhielt den Nobelpreis 1908, Katz 1970. Ernst Ferdinand Sauerbruch, der bedeutendste Chirurg seiner Zeit, wurde in Leipzig approbiert, und auch die Bundeskanzlerin Angela Merkel wurde hier in den 1970er-Jahren zur Physikerin ausgebildet.

Auch wenn im Zweiten Weltkrieg mehr als die Hälfte der Universitätsgebäude zerstört wurden, konnte die Hochschule schon im Februar 1946 wieder eröffnet werden. Die Gleichschaltung in der DDR machte jedoch auch vor den Toren der Wissenschaft nicht halt. Der Protest gegen die zunehmende Ideologisierung und Monopolisierung durch die SED und die damit verbundene aufgekündigte Selbstbestimmung und Freiheit der Universität war ausgesprochen vielschichtig. Ende der 1940er- und Anfang der 1950er-Jahre gab es erheblichen studentischen Widerstand gegen das SED-Unrechtsregime. Eines der ersten Opfer in einer längeren Reihe war Wolfgang Natonek. Als erster gewählter Vorsitzender des Studentenrates widersetzte er sich der Gleichschaltung der Universität, trat für seine liberalen Grundüberzeugungen und für einen demokratischen Anfang ein, wurde 1948 verhaftet und wegen Spionage, Sabotage und anderen Vorwänden von einem sowjetischen Militärtribunal zu mehreren Jahren Zwangsarbeit verurteilt.

Dem Enkel des ersten sächsischen Landesbischofs, Werner Ihmels, wurde seine christliche Grundausrichtung zum Verhängnis; er starb im Zuchthaus Bautzen, im sogenannten „Gelben Elend". Wenig später bildete sich eine Studentengruppe unter der Führung von Herbert Belter, die gegen die zunehmenden politischen Repressionen protestierte und Flugblätter verteilte. Die Gruppe wurde verhaftet und an den russischen Geheimdienst ausgeliefert. Nach nur zwei Verhandlungstagen wurde Belter als Rädelsführer zum Tode verurteilt und in Moskau erschossen; die anderen fanden sich im berüchtigten Straflager Workuta hinter dem Polarkreis wieder. Belter sagte vor dem sowjetischen Militärtribunal: „Ich habe mich illegal betätigt, weil ich unzufrieden mit der Situation an der Leipziger Universität war. Wir hatten keine Gewissensfreiheit und keine Pressefreiheit."

Ab 1953 trug die Universität für 38 Jahre den Namen von Karl Marx. Gleichzeitig wurde eine Sektion Marxismus-Leninismus gegründet, jeder Student der DDR

Der Studentenpolitiker und spätere Gymnasiallehrer Wolfgang Natonek war 1947 und 1948 Studentenratsvorsitzender an der Universität Leipzig. Wegen seines Widerstands gegen die entstehende DDR und der Gleichschaltung der Universität wurde er von der sowjetischen Besatzungsmacht zu einer mehrjährigen Strafhaft verurteilt. Nach seiner Entlassung 1956 verließ er die DDR und ließ sich in Göttingen nieder.

sollte sein ganzes Studium hindurch entsprechend ideologisch geschult werden. Durch den wachsenden Druck verließen immer mehr hervorragende akademische Lehrer aller Fakultäten die DDR.

Nach der Wiedervereinigung wurde die Universität Leipzig großflächig umstrukturiert und umgebaut. Heute ist sie nach Heidelberg die zweitälteste Hochschule in Deutschland, die ohne Unterbrechung bestanden hat. Es studieren etwa 30 000 Hochschüler an 14 Fakultäten in Leipzig, zehn Prozent davon sind Ausländer. Jährlich werden 500 bis 600 Promotionen geschrieben.

Leipzig im 20. Jahrhundert

Am 13. September 1900 wurde am Markt 6 von Dr. Hermann Hartmann der später nach ihm benannte Hartmannbund als „Schutzverband der Ärzte Deutschlands zur Wahrung ihrer Standesinteressen" ins Leben gerufen. Diese waren bereits damals äußerst gefährdet. Am 28. Januar des gleichen Jahres gründeten 36 Delegierte im Leipziger Restaurant „Zum Mariengarten" in der Karlstraße 10 den Deutschen Fußball-Bund (DFB) als „1. Allgemeiner Deutscher Fußballtag". Er ist heute der weltweit größte Einzelsportverband. Von der Gründung in Leipzig inspiriert wurde 1903 folgerichtig der VfB Leipzig erster deutscher Fußballmeister. In den nächsten zehn Jahren gelang dem Verein dies weitere zweimal, sodass man schon vom ersten deutschen Serienmeister sprach.

Die Wirtschaft florierte auch Anfang des 20. Jahrhunderts weiterhin in Leipzig, bereits Mitte des 19. Jahrhunderts hatte ein regelrechter Bauboom eingesetzt.

Neue Repräsentationsbauten und ganze Stadtviertel im Stil der Gründerzeit und dem Jugendstil entstanden. Zu Beginn des Zweiten Weltkrieges hatte Leipzig 750 000 Einwohner und war Deutschlands fünftgrößte Stadt. Bei den folgenden Luftangriffen sollten mehr als 60 Prozent der Bausubstanz zerstört werden, beim größten Bombenangriff am 4. Dezember 1943 kamen etwa 1800 Menschen um, 114 000 wurden obdachlos. Am 19. April 1945 ließ der amerikanische Generalmajor Emil Reinhardt auf dem Neuen Rathaus das Sternenbanner hissen, damit war für Leipzig der Krieg zu Ende. Am 2. Juli 1945 wurde die Stadt der Roten Armee übergeben und damit ein Teil der Sowjetischen Besatzungszone beziehungsweise der 1949 gegründeten DDR. In den folgenden Jahren reduzierten kom-

Ein Bild der Zerstörung bietet sich nach dem Bombenangriff der Royal Air Force vom 4. Dezember 1943 auf dem Naschmarkt in Leipzig. Links die Rückseite des Alten Rathauses, rechts der zerstörte Messepalast, in der Mitte die ausgebrannte Alte Handelsbörse. Nur Goethes Statue steht nahezu unversehrt in der Mitte des Platzes.

Rund um den 17. Juni 1953 kam es in mehreren Städten der DDR zu einer Welle von Streiks, Demonstrationen und Protesten gegen die Politik des SED-Regimes. Die Aufstände wurden, wie auf dem Leipziger Marktplatz anhand des sowjetischen Panzers im Hintergrund links zu sehen, blutig niedergeschlagen.

munistische Dogmen, Restriktionen und Mangelwirtschaft sowie die damit verbundene Flucht der Menschen die Bedeutung Leipzigs erheblich. Die Bevölkerung schrumpfte von 1950 bis 1989 um nahezu 14 Prozent. Das Verlagswesen verlor die Stadt an Stuttgart und München, den Rauchwarenhandel an Frankfurt, die Messe an Hannover und den höchsten deutschen Gerichtshof an Karlsruhe.

Die allgemeine Unzufriedenheit gipfelte am 17. Juni 1953 in einem Volksaufstand in der DDR. Neben Berlin, Magdeburg und Dresden zogen auch in Leipzig bis zu 80 000 Menschen durch die Stadt und forderten eine Verbesserung der Lebensbedingungen, freie Wahlen und die Freilassung politischer Gefangener. Auf Veranlassung der SED schlug die Sowjetarmee den

Aufstand blutig nieder. Russische T-34 Panzer rollten mitten durch das Leipziger Zentrum und brachten Tod und Zerstörung. Zur Erinnerung und als Zeichen des letztendlichen Sieges des Freiheitswillens der Menschen wurde 2003 eine bronzene Gedenkplatte in das Pflaster hinter der Alten Handelsbörse eingelassen, die den Abdruck von zwei parallelen Panzerspuren nachbildet. Über 30 Jahre später sollte Leipzig zum zentralen Ausgangspunkt für die Friedliche Revolution in der DDR werden, die schließlich am 9. November 1989 zur Maueröffnung und am 3. Oktober 1990 zur Wiedervereinigung von Ost und West führte.

Bereits seit 1982 bot der Pfarrer der Leipziger Nikolaikirche, Christian Führer, jeden Montag Friedensgebete an. Anfänglich wurde unter dem Motto „Nikolaikirche – offen für alle" für die Belange der Stadt, dann gegen Missstände des Staates und die Einschränkungen der bürgerlichen Rechte gebetet. Von Jahr zu Jahr wurden die Menschen in der Kirche mehr, mutiger, kraftvoller. Plötzlich wurden Dinge angesprochen, die früher aus Angst vor Repressalien tabu gewesen waren. Unter den betenden Menschen befanden sich immer auch Stasispitzel, allein 28 von ihnen wurden auf den Pfarrer direkt angesetzt. Doch der schleichende Verfall des Staates schritt unaufhörlich fort. Am Montag, den 25. September 1989, demonstrierten 5000 Menschen nach dem Gebet und zogen vom Karl-Marx-Platz (heute Augustus-

Die Nikolaikirche in Leipzig wurde mit den dort seit 1982 regelmäßig stattfindenden Montagsgebeten gegen das Wettrüsten in Ost und West zentraler Schauplatz der Friedensbewegung in der DDR. Die Zusammenkünfte wie hier am 1. November 1989 waren Ausgangspunkt der Montagsdemonstrationen, die schließlich zur Maueröffnung am 9. November 1989 und der Wiedervereinigung 1990 führten.

Auf der Montagsdemonstration am 30.10.1989 forderten über 200 000 Menschen: „Reform statt Massenflucht". Im Hintergrund ist der Leipziger Bahnhof zu sehen.

platz) zum Friedrich-Engels-Platz (heute Goerdelerring). Die regimetreue Presse sprach von „rowdyhaften Elementen" und „antisozialistischer Hetzkampagne". Am 2. Oktober waren es schon 20 000 Menschen, die um den Altstadtring zum Gebäude der Staatssicherheit, der sogenannten „Runden Ecke", zogen. Heute ist hier eine Gedenkstättte mit einem Museum über die Geschichte, Struktur und Arbeitsweise des Ministeriums für Staatssicherheit eingerichtet. Sie skandierten „Wir bleiben hier", um ein Zeichen gegen die vielen Ausreiseanträge und gegen die Abschiebung in den Westen zu setzen, und „Neues Forum zulassen", um die Vereinigung der Bürgerrechtler zu stärken. Die Polizei antwortete mit Schlagstöcken; Einsatzfahrzeuge der Kampfgruppen standen bedrohlich an den Straßen. Am 9. Oktober hatte die SED und die Volkspolizei eine neue Taktik: Sie riegelten die Stadt ab. Die großen Kliniken wurden für Notaufnahmen vorbereitet, es lag eine mit Händen zu greifende Spannung über Leipzig. Allen war klar: Heute fällt eine Entscheidung. Wird geschos-

Der Dirigent und Gewandhauskapellmeister Kurt Masur sprach während eines Gesprächsforums am 22. Oktober 1989 im Leipziger Gewandhaus. Als berühmter Bürger der Stadt hatte er zur beiderseitigen Gewaltlosigkeit bei den Demonstrationen aufgerufen und mit anderen Prominenten die „Leipziger Postulate" als Grundlage einer „Demokratischen Republik Deutschland" verfasst.

sen? Wiederholt sich der 17. Juni 1953? Rollen russische Panzer auf? Unter diesem Hintergrund verfassten sechs prominente Repräsentanten der Stadt ein Manifest, in dem zu Gewaltfreiheit aufgerufen wurde, unter ihnen der Gewandhauskapellmeister Kurt Masur, der einen friedlichen Verlauf forderte. Nach dem Montagsgebet kamen die Menschen mit Kerzen in den Händen als Symbol von Hoffnung und Frieden aus der Nikolaikirche. Schnell wurden es 70 000. Als die Massen in Sprechchören riefen „Wir sind das Volk" und „keine Gewalt", hatten die Genossen nichts mehr entgegenzusetzen, denn sie wollten ja die Vertreter des Volkes sein. Pfarrer Führer sagte später: „Keine Gewalt – das ist die Botschaft der Bergpredigt von Jesus Christus in zwei Worte gefasst."

Die Staatsmacht schaute zu, aus Moskau kam keine Hilfe. Das war der Anfang vom Ende der SED und der DDR. Bald wurde gerufen „Wir sind ein Volk", dann fiel am 9. November die Mauer und wenig später entschied sich das Volk für die Einheit Deutschlands. In

Der Schriftsteller Erich Loest im Mai 1990 am Stand des „Linden"-Verlags auf der Leipziger Buchmesse, der kurz vorher von ihm und seinem Sohn gegründet worden war und nur Bücher von Loest verlegt. Der 2013 verstorbene und zu DDR-Zeiten wegen angeblicher „konterrevolutionärer Gruppenbildung" inhaftierte Schriftsteller war ein bedeutender Vertreter der realistischen deutschsprachigen Literatur und stets mit der Stadt Leipzig verbunden.

Leipzig hält man seitdem am 9. Oktober den Atem an, es ist ein magisches Datum. Es war der entscheidende Tag für die friedliche Revolution in der DDR, 40 Jahre nach ihrer Gründung, 40 Jahre nach der Teilung Deutschlands. Ein Tag, an dem die Nachkriegszeit zu Ende ging und keinem Menschen auch nur ein Haar gekrümmt wurde. Es ist wahrhaft biblisch: Aus Gottvertrauen und Gebet erwuchsen Freiheit und Einheit. Und alles ging von einer Kirche aus, von der Nikolaikirche zu Leipzig.

Der Schriftsteller Erich Loest setzte den Montagsdemonstrationen in Leipzig im Herbst 1989 mit seinem Buch „Nikolaikirche" ein Denkmal. Der Roman erschien 1995, Ehrenbürger Leipzigs wurde er ein Jahr später. Seine Biografie zeigt exemplarisch, warum die Menschen 1989 auf die Straße gingen und das Regime schließlich fallen musste. Loest wurde nach dem Krieg Redakteur der „Leipziger Volkszeitung" und freischaffender Schriftsteller. Er war Mitglied der SED und Vorsitzender des Schriftstellerverbandes Leipzig. Dann kritisierte er die SED-Führung wegen der blutigen Niederschlagung des Aufstandes vom 17. Juni 1953. Danach fand er sich im Gefängnis wieder, wurde aus der SED ausgeschlossen und 1957 zu einer mehrjährigen Zuchthausstrafe verurteilt. Er protestierte offen gegen die Zensur in der DDR, wurde 1979 aus dem Schriftstellerverband des Landes ausgeschlossen, zwei Jahre später ausgebürgert. Aber Leipzig ließ ihn auch im Westen nicht los: Die Leipzig-Romane „Völkerschlachtdenkmal" (1984) und „Zwiebelmuster" (1985) wurden beide fürs Fernsehen verfilmt. Späte Genugtuung erfuhr er, als das Oberste Gericht der DDR 1990 das gegen ihn verhängte Urteil von 1957 aufhob und ihn freisprach. Nach Lektüre seiner Stasi-Akten entstand der Roman „Froschkonzert" und die Dokumentation „Die Stasi war mein Eckermann oder mein Leben mit der Wanze". Nach der Wende zog es ihn zurück nach Leipzig, wo er 2013 verstarb.

Bis heute besteht das einzigartige Flair Leipzigs, das die Stadt Anfang des 20. Jahrhunderts ausstrahlte, fort. Trotz zum Teil erheblicher Zerstörung im Zweiten Weltkrieg konnte ein Großteil des alten Stadtkerns gerettet werden. Wegen finanzieller Schwierigkeiten zu SED-Zeiten konnte vieles nicht saniert werden, Kriegslücken verblieben.

Blick über den Elstermühlgraben auf die von wunderschönen Altbauten gesäumte Liviastraße im Waldstraßenviertel. Es gilt als eines der größten geschlossen erhaltenen Gründerzeitviertel in Europa und genießt als Flächenarchitekturdenkmal besonderen Schutz.

Der ursprüngliche Zustand der alten Bausubstanz wurde der Not gehorchend konserviert oder dem Verfall preisgegeben. In diesem Zusammenhang stellte der Vorsitzende der Bezirksleitung des Kulturbundes, Peter Heldt, auf der ersten Leipziger Volksbaukonferenz im Januar 1990 fest: „Leipzig ist geprägt vom Verfall seiner historischen Bausubstanz, des Lebensraumes seiner Bürger. Ein Verfall, der die Zerstörung des Zweiten Weltkrieges weit übertrifft." Nach der Wende 1990 wurden viele der prachtvollen Gründerzeit- und Jugendstilbauten mit sehr viel Geld restauriert und wiederhergestellt, sodass ein Spaziergang durch Leipzig auch immer zu einem Gang durch die Geschichte der Stadt wird.

Das literarische Leipzig

Ich komme nach Leipzig an einen Ort,
wo man die ganze Welt im Kleinen sehen kann.

Gotthold Ephraim Lessing

Leipzig und seine Schriftsteller

Leipzig ist seit eh und je Buchhandels-, Schriftsteller- und Verlagsmetropole. Ihre literarische Ausrichtung geht auf das frühe 13. Jahrhundert zurück, als der Minnesänger Heinrich von Morungen in seinen späten Jahren ins Thomaskloster, aus dem sich die Thomasschule und -kirche entwickelten, eintrat, wo er um 1220 verstarb. Er gilt als der sensibelste und leidenschaftlichste unter den Dichtern des hohen Minnesangs und zeichnet sich durch eine unverwechselbare Bildsprache aus. Eine Gedenktafel am Eingang der Thomaskirche erinnert an ihn.

Auch am nahe gelegenen Markt, der urbanen Mitte der Stadt, ist ein Hauch der literarischen Vergangenheit Leipzigs zu spüren. Hier fand am 27. August 1824 die letzte öffentliche Hinrichtung des Mörders Johann Christian Woyzeck statt, die seinerzeit in ganz Europa wegen sich widersprechender Gutachten und der lautstarken Forderung der demokratischen Öffentlichkeit nach Abschaffung der Todesstrafe Wellen schlug. Georg Büchner machte aus dem Stoff ein Drama, Alban Berg eine Oper. Das Schafott soll an gerade jener Stelle gestanden haben, wo jetzt im Marktpflaster das Stadtwappen eingelassen ist und wo die Nationalsozialisten 1933 Bücher verbrannten. Dass das Betreten dieses Flecks mit Unglück verbunden ist, versteht sich von selbst. Die

Eine steinerne Gedenktafel an der Thomaskirche in Leipzig (unten) für den Minnesänger Heinrich von Morungen, oben in der Weingartner Liederhandschrift aus der ersten Hälfte des 14. Jahrhunderts.

Georg Joachim Göschen
(ganz oben) brachte in
seinem Verlag „G. J. Göschen'
sche Verlagsbuchhandlung"
unter anderem die Werke
von Friedrich Schiller und
Johann Wolfgang von
Goethe heraus. Unten Gotthold Ephraim Lessing auf
einem Gemälde von Anna
Rosina de Gasc aus dem Jahr
1767/1768.

vom Markt abgehende Grimmaische Straße verkörperte früher das literarische Zentrum der Stadt, sie
war der Broadway des Leipziger Buchhandels, hier
befand sich neben zahlreichen Verlagen und Buchläden auch das „Literarische Museum" von Anton Philipp Reclam, eine Leihbibliothek mit Lesekabinett,
und die 1785 gegründete „G. J. Göschen'sche Verlagsbuchhandlung", die unter der Leitung von Georg
Joachim Göschen zu einem der wichtigsten Verlage
der Weimarer Klassik wurde.

Von 1746 bis 1748 studierte Gotthold Ephraim Lessing auf Wunsch seines Vaters Theologie in Leipzig,
brach aber zum Kummer der Eltern ab, weil Poesie
und Theater interessanter waren. Den Eltern missfiel
Lessings Umgang mit den Komödianten und sie be-
orderten ihn nach Hause. Ein Studienfreund Lessings
war Christian Felix Weiße, der später zu einem der
wichtigsten Vertreter der literarischen Aufklärung
und zum Patriarchen der Leipziger Literatur avancierte.

Ab 1755 war Lessing wieder in Leipzig und wohnte
im Haus des Kaufmanns Gottfried Winckler, der
„Großen Feuerkugel", um sich mit ihm auf eine Bil-
dungsreise vorzubereiten, die allerdings in Amster-
dam wegen des Ausbruchs des Siebenjährigen Krieges
abgebrochen wurde. Etwa zur gleichen Zeit logierte
auch der preußische Offizier und Dichter Ewald
Christian von Kleist in der Großen Feuerkugel und
verfasste das kleine Epos „Cißides und Paches". Er
freundete sich mit Lessing an. Das Haus lag zwischen
Neumarkt und der jetzigen Universitätsstraße, wurde
im Zweiten Weltkrieg zerstört und später durch ein
Kaufhaus überbaut.

Der Hof der „Großen Feuerkugel", die Studentenwohnung von Johann Wolfgang von Goethe und Gotthold Ephraim Lessing, um 1850. Der Gasthof war im Dreißigjährigen Krieg 1642 von einem Brandgeschoss, einer sogenannten Feuerkugel, getroffen worden, daher der Name. Glücklicherweise entstand dabei kein größerer Schaden. Oben rechts ist der junge Goethe auf einer Tuschzeichnung von Johann Heinrich Lips aus dem Jahr 1775 zu sehen.

In den Jahren 1780 und 1781 sowie von 1787 bis 1792 studierte mit Johann Gottfried Seume ein weiterer bekannter Schriftsteller in Leipzig. Nach seinem Studium arbeitete er als Lektor bei dem Verleger Georg Joachim Göschen. Zu seinem 200. Todestag wurde in seinem ehemaligen Wohnhaus am Markt 6 eine Gedenktafel enthüllt.

Als Student wohnte auch Johann Wolfgang von Goethe, wie Lessing zehn Jahre vor ihm, von 1765 bis 1767 in der Großen Feuerkugel, allerdings im Hofgebäude. „Mein Leipzig lob' ich mir! Es ist ein klein Paris, und bildet seine Leute" ließ er eine Figur im „Faust" sagen und bescheinigte der Stadt damit Weltoffenheit, Prosperität und Fortschritt. Sein Vater, der alte kaiserliche Rat Johann Caspar Goethe, schickte den sechzehnjährigen Teenager nicht umsonst von Frankfurt zum Jurastudium nach Leipzig, dem geistigen Mittelpunkt Deutschlands, wo er selbst studiert hatte. Dabei ließ er sich nicht lumpen und überwies dem Sprössling jährlich 1000 Reichstaler. Damit konnte der Studiosus alle Register ziehen, die er wollte. Und er zog: Das Leip-

Der Maler und Bildhauer Adam Friedrich Oeser, hier dargestellt auf einem Pastell von Nikolaus Lauer aus dem Jahr 1791, unterrichtete den jungen Goethe im Zeichnen. Der Name des in Leipzig verstorbenen Künstlers der Empfindsamkeit ist auch heute noch in der Stadt präsent.

ziger Bier schmeckte ihm nicht, er trank Champagner. Zum Vergleich: Das Einkommen des hoch angesehenen Leipziger Professors für Philosophie, Christian Fürchtegott Gellert, dessen Vorlesungen der Poetik Goethe mit Vorliebe hörte und sich davon inspirieren ließ, betrug nur 100 Taler jährlich.

Goethe war von der pulsierenden, eleganten Messestadt mit ihrem reichen Kulturangebot, dem Alten Theater, den Philosophie- und Literaturvorlesungen Gellerts und von der neuen Leipziger Zeichen- und Kunstakademie in der Pleißenburg begeistert, die von Adam Friedrich Oeser 1764 begründet worden war. Goethe nahm in der Wohnung Oesers Privatunterricht im Zeichnen und war von dessen gebildeter achtzehnjähriger Tochter Friederike entzückt. Seine erste große Liebe erlebte er dann aber mit einer anderen: Die Angebetete war Käthchen Schönkopf, die drei Jahre ältere Tochter des Gastwirts vom Weinhaus am Brühl 19, wo Goethe sein Mittagessen einzunehmen pflegte. Goethe wäre nicht Goethe gewesen, wenn er die neuen Gefühle nicht sofort in Lyrik umgesetzt hätte. Aber für Käthchen war alles nur ein Spiel. Der Schriftsteller war ihr zu grün und zu eifersüchtig. Sie beendete die Beziehung und stürzte Goethe in eine tiefe Sinnkrise. Er war physisch und psychisch am Ende und wurde richtig krank: Blutsturz, es konnte nicht theatralischer sein. Jetzt baute ihn Friederike Oeser wieder auf, stand ihm bei und hauchte ihm neues Leben ein. Was blieb, war sein 1774 geschriebener Bestseller „Die Leiden des jungen Werther". Hier klingen seine Liebesqualen noch nach. Weltliteratur! Das Buch lag auch auf Napoleons Nachttisch. Nur mit dem avisierten und geplanten

Jurastudium wurde es nichts, sehr zum Leidwesen seines Vaters. Aber der Erfolg des „Werther" tröstete ihn wohl.

Käthchen Schönkopf heiratete 1770 den späteren Vizebürgermeister von Leipzig. 1776 besuchte Goethe noch einmal von Weimar aus seine alte Liebe, aber da war nichts mehr, auch kein Gedicht. Vor der Alten Handelsbörse auf dem Naschmarkt, unmittelbar gegenüber seiner Lieblingskneipe, dem „Auerbachs Keller", steht sein Konterfei in Bronze als junger Studiosus vor malerischer barocker Kulisse und soll an seine hitzigen studentischen Tage erinnern.

Goethe lernte in Leipzig laufen, nicht so wie sein Vater wollte, aber er wurde hier der deutsche Dichter schlechthin. Er schrieb Gedichte, Balladen, Romane, Dramen und sogar naturwissenschaftliche Abhandlungen. Viele Literaten haben sich an seiner Sprache gemessen und sie zu ihrem Maßstab gemacht. Goethe beeinflusste die Epoche des Sturm und Drang und prägte die Klassik wie kein Zweiter. Er war ein

In der Pleißenburg, hier auf einem kolorierten Stich von S. Blattner zu sehen, befand sich die Kunstakademie, in der Goethe unter Oesers Leitung Zeichenunterricht nahm. Neben einer Schwärmerei für Oesers Tochter Friederike (unten) entwickelte der junge Goethe ernsthafte Gefühle für die Wirtstochter Käthchen Schönkopf (oben), hier ihre Konterfeis vom Goethedenkmal am Naschmarkt.

Genau wie Goethe lernte Friedrich Schiller die Stadt Leipzig kennen und lieben. Dieses Porträt des Dichters hatte eine relativ lange Entstehungszeit: Die ersten Sitzungen mit dem Maler Anton Graff fanden bereits im Frühjahr 1786 statt, vollendet wurde es dann im Herbst 1791.

großer Beobachter, Liebhaber, Analyst, Ratgeber, Zeichner, Kunstkenner, Sammler und Staatsmann. Viele seiner Gedichte wurden von bedeutenden Komponisten vertont. Er stand mit fast allen geistigen Größen seiner Zeit in Verbindung. Ein Mann mit Weltformat. Insofern ist es nur konsequent, dass Thomas Mann seinen Roman „Doktor Faustus" in Leipzig ansiedelte und seinen Helden Adrian Leverkühn folgendes sagen ließ: „Ist schon prächtig gebaut, mein Leipzig, recht wie aus einem teueren Steinbaukasten …"

20 Jahre nach Goethe besuchte Friedrich Schiller fünfundzwanzigjährig einen Sommer lang Leipzig und wohnte vom 7. Mai bis zum 11. September 1785 im malerischen Dorf Gohlis vor den Toren der Stadt, im jetzigen Schillerhaus in der Menckestraße 42. Eingeladen hatten ihn die Verehrer und Bewunderer seiner Dramen um Christian Gottfried Körner, einem deutschen Dichter, der zu großen Denkern und Künstlern seiner Zeit Verbindungen unterhielt. Der Verleger Göschen hatte ihm das Quartier in Gohlis vermittelt, das er im Sommer gern selbst nutzte.

Schiller verbrachte in Leipzig eine unzweifelhaft glückliche Zeit fernab von allen finanziellen und gesundheitlichen Sorgen, die er in Mannheim zur Genüge gehabt hatte. So war es in keiner Weise verwunderlich, dass er hier die erste Fassung der Ode „An die Freude" dichtete, die Beethoven später für den Schlusschor seiner 9. Sinfonie vertonte. Schiller besuchte regelmäßig das „Richtersche Kaffeehaus" in der zweiten Etage des prächtigen Romanushauses an der Ecke Katharinenstraße/Brühl. Dort verkehrten Professoren, Schauspieler und Kaufleute, auch der

Komponist Johann Adam Hiller, der Maler Adam Friedrich Oeser und der Dichter Christian Felix Weiße. In Leipzig gab es ein geistiges Klima, das Goethe in „Dichtung und Wahrheit" wie folgt beschrieb: „Einer Stadt kann kein größeres Glück begegnen, als wenn mehrere im Guten und Rechten gleichgesinnte, schon gebildete Männer daselbst nebeneinander wohnen. Diesen Vorzug hatte Leipzig und ich genoss ihn …" Schiller genoss diesen Vorzug auch. Er kam später noch zweimal nach Leipzig. Im Kriegsjahr 1914 wurde am Nordrand des Schillerparks in Höhe der Einmündung des Neumarkts das Schillerdenkmal eingeweiht. Es besteht aus einem hohen Marmorpodest mit quadratischem Grundriss, auf dem eine weiße Marmorbüste Schillers mit antikem hohlen Blick ruht. Zwei lebensgroße, bis auf einen Schleier nackte Figuren schmiegen sich trauernd um die Säule, links die „Erhabenheit" sowie rechts die „Tragik". Das beeindruckende Denkmal ist stilistisch zwischen Jugendstil und Expressionismus angesiedelt.

Eine prominente Außenstelle des Stadtgeschichtlichen Museums ist das Schillerhaus (links) im Stadtteil Gohlis, in dem der Dichter Friedrich Schiller 1785 lebte und am zweiten Akt des „Don Carlos" feilte, den „Fiesco" bearbeitete und die erste Fassung des Gedichts „An die Freude" schrieb. Rechts das Schillerdenkmal aus dem Jahr 1914, der Entwurf stammt von dem deutschen Bildhauer Johannes Hartmann.

109

Der früh im Feld verstorbene Dichter und Dramatiker Theodor Körner suchte während des Freiheitskampfes gegen Napoleon Schutz in Leipzig, hier ist er in Uniform auf einem Porträt seiner Tante Doro Stock zu sehen, das um 1813/1814 vollendet wurde.

Auch Theodor Körner hatte viele Bezüge zu Leipzig: 1810 fing er an, hier Jura zu studieren und galt damals schon als große deutsche Dichterbegabung. Angesichts der Napoleonischen Fremdherrschaft in Deutschland wurde Körner bereits in Leipzig politisch aktiv und später Kämpfer im Lützowschen Freikorps, einer Art Partisanengruppe in den Befreiungskriegen. Er begeisterte sich für die Einheit Deutschlands und verfasste nun seine schönsten Lieder. Am 24. Februar 1813 schrieb er auf dem Schneckenberg, dort, wo heute die Oper steht, sein berühmtes Lied von „Lützows wilder verwegener Jagd", das unter anderem von Carl Maria von Weber vertont wurde. Am 17. Juni 1813 wurden die Lützower von Napoleons Truppen südwestlich von Leipzig bei Kitzen aufgerieben. Körner erhielt einen Säbelhieb über den Kopf und wurde schwer verwundet. Im Angesicht des Todes in einem Wald dichtete er „Abschied vom Leben":

Die Wunde brennt, die bleichen Lippen beben,
Ich fühl's an meines Herzens mattem Schlage,
Ich stehe an den Marken meiner Tage!
Gott, wie Du willst! Dir hab ich mich ergeben.

Aber es kam anders: Körner wurde gefunden und gelangte unter höchst abenteuerlichen Umständen und unter Lebensgefahr – die Franzosen setzten auf ihn ein hohes Kopfgeld aus – mit einem Kahn zum Hintereingang des Hauses von Dr. Wendler. Dieser war Arzt und mit der Familie Körner befreundet. Wendler versteckte den Freiheitskämpfer in seinem Gartenhaus, das sich gegenüber der Pleißenburg befand, und pflegte ihn bis zur Genesung gesund. Bereits zwei

Monate später fiel der Zweiundzwanzigjährige bei einem Angriff auf eine französische Versorgungskolonne in Mecklenburg. Das Gedicht nahm seinen späteren Tod vorweg. Einige Tage zuvor hatte Körner an seinen Vater Christian Gottfried Körner voll patriotischer Hochstimmung geschrieben: „Jetzt ist es bei Gott die mächtigste Überzeugung, dass kein Opfer zu groß sei für das höchste menschliche Gute, für des Volkes Freiheit. Vielleicht sagt dein bestochenes väterliches Herz: Theodor ist zu größeren Zwecken da, er hätte auf einem anderen Feld Wichtigeres und Bedeutendes leisten können … Aber, Vater, meine Meinung ist die: Zum Opfertod für die Freiheit und für die Ehre

Andächtig lauschen die Kampfgefährten auf diesem Holzstich von 1891 Theodor Körner: *Ahnungsgrauend, todesmutig/bricht der große Morgen an/und die Sonne, kalt und blutig/leuchtet unsrer blutgen Bahn/In der nächsten Stunden Schoße/liegt das Schicksal einer Welt/und es zittern schon die Lose/und der ehrne Würfel fällt/Brüder, euch mahne die dämmernde Stunde/mahne euch ernst zu dem heiligsten Bunde/treu so zum Tod, wie zum Leben gesellt.*

111

Der regimekritische Schriftsteller und Lyriker Reiner Kunze wurde in der DDR von der Stasi bespitzelt und gegängelt, bis er 1977 in die Bundesrepublik übersiedelte. Kunze arbeitete seine Vergangenheit aktiv auf, was sich in vielen seiner Bücher widerspiegelt.

seiner Nation ist keiner zu gut, wohl aber sind viele zu schlecht." Körners Vater veröffentlichte 1814 unter dem Titel „Leyer und Schwerdt" die patriotischen Dichtungen seines Sohnes. Diese machten Theodor Körner zum berühmtesten „Sänger der Befreiungskriege". An mehreren Stellen in Leipzig, die mit Körner verbunden sind, befinden sich Gedenksteine, der beim ehemaligen Haus Dr. Wendlers am Martin-Luther-Ring 7 ist besonders schön.

Im April 1841 kam Theodor Fontane, Autor von bekannten Werken wie „Effie Briest", „Wanderungen in de Mark Brandenburg" und „Herr von Ribbeck auf Ribbeck im Havelland", für ein Jahr als Apothekengehilfe in die Adler-Apotheke in der Hainstraße Nummer 9 und setzte hier seine Apothekerlehre fort. Er unternahm weite Wanderungen in die Leipziger Umgebung und auf die Felder der Völkerschlacht.

Fast ein Jahrhundert später verbrachten Joachim Ringelnatz, Hans Fallada und Erich Kästner einen Großteil ihrer Jugendjahre in Leipzig und erhielten hier wesentliche Impulse für ihre späteren literarischen Erfolge. Auch viele Nachkriegsschriftsteller sind mit Leipzig verbunden, wie zum Beispiel Reiner Kunze, dessen Biografie typisch für die DDR ist: Die Reibung mit der SED, der er anfangs selbst angehörte, wurde so groß, dass er zunächst von der Journalistischen Fakultät flog, dann aus dem Schriftstellerverband ausgeschlossen, mit einem Berufsverbot belegt und zuletzt ausgebürgert wurde. Die Stasi legte über ihn eine Akte mit dem Decknamen „Lyrik" von 3500 Seiten an, die Kunze nach der Wende als Dokumentation herausgab. Er lebt heute in Niederbayern.

Leipzig – Stadt des Buches

Seit der Erfindung des Buchdrucks 1455 wurde Leipzig zum Zentrum des Verlagswesens, der Buchherstellung und des Buchhandels, vergleichbar mit keiner anderen europäischen Stadt. Die Verlage siedelten sich vorzugsweise in der östlichen Vorstadt an, die bald Graphisches Viertel genannt wurde. Hier hatte man Platz, größere Druckereien und Lagerhallen zu errichten. Begünstigt wurde die Entwicklung durch die Gründung des Börsenvereins der Deutschen Buchhändler 1825, der mitten im Graphischen Viertel sein schlossähnliches Stammhaus errichtete, das bis auf den Ostflügel den Zweiten Weltkrieg nicht überstand. 1836 wurde zudem in der Ritterstraße die Buchhändlerbörse ins Leben gerufen. Den Höhepunkt erlebte Leipzig dabei, als 1914 der Buchgewerbeverein die Internationale Ausstellung für Graphik und Buch-

Die Buchhändlerbörse am Nikolaikirchhof war von 1836 bis 1888 Sitz des Börsenvereins der Deutschen Buchhändler, hier dargestellt um 1840. Neben Handelstätigkeiten fanden in der Börse auch die Hauptversammlungen des Börsenvereins statt, außerdem gab es zahlreiche literarische Veranstaltungen, Konzerte und Gemäldeausstellungen.

gewerbe (Bugra), die weltweit größte Schau zum Buchwesen, ausrichtete. Zu diesem Zeitpunkt ernährte der sogenannte „Leipziger Platz", eine Bezeichnung für die Verzahnung von Firmen und Institutionen rund um das Buch, 60 000 Menschen. Es ist ein geistes- und wirtschaftsgeschichtliches Phänomen, das es in dieser Form nur hier gab. Der dänische Buchhändler Halfdan Jespersen, der 1938 zum 12. Internationalen Verlegerkongress nach Leipzig kam, drückte es so aus: „Wenn wir Dänen … nach Leipzig ziehen, fühlen wir uns eben wie … die Mohammedaner, welche eine Pilgerfahrt nach Mekka unternehmen." An der Hochschule für Technik, Wirtschaft und Kultur (HTWK) Leipzig, die aus der 1914 gegründeten Fachschule für Bibliothekstechnik und -verwaltung hervorging und an der über 6000 Studenten immatrikuliert sind, kann man auch heute noch alles rund um das Buch studieren. Der Hauptsitz ist in der Karl-Liebknecht-Straße.

1916 gab es in Leipzig 982 Verlage, nicht wenige sind weltberühmt. Am Ende der DDR-Ära waren noch exakt 38 verblieben. Dieser Schrumpfungsprozess macht die Tragödie deutlich, die zwei Diktaturen hintereinander einer Stadt, in der Freiheit, Handel, Kunst, Tradition und christliche Werte immer groß geschrieben wurden, zufügen können. Nach dem Zweiten Weltkrieg trafen bereits am 1. Mai 1945 amerikanische Kulturoffiziere mit Vertretern des Börsenvereins der Deutschen Buchhändler zusammen, um die Lage zu besprechen. Als die Beschlüsse von Jalta bekannt wurden, nach denen Leipzig ins sowjetische Besatzungsgebiet fiel, kam es zur Ernüchterung und zum ersten Exodus: Vor der Villa des Verlegers Wilhelm Klemm

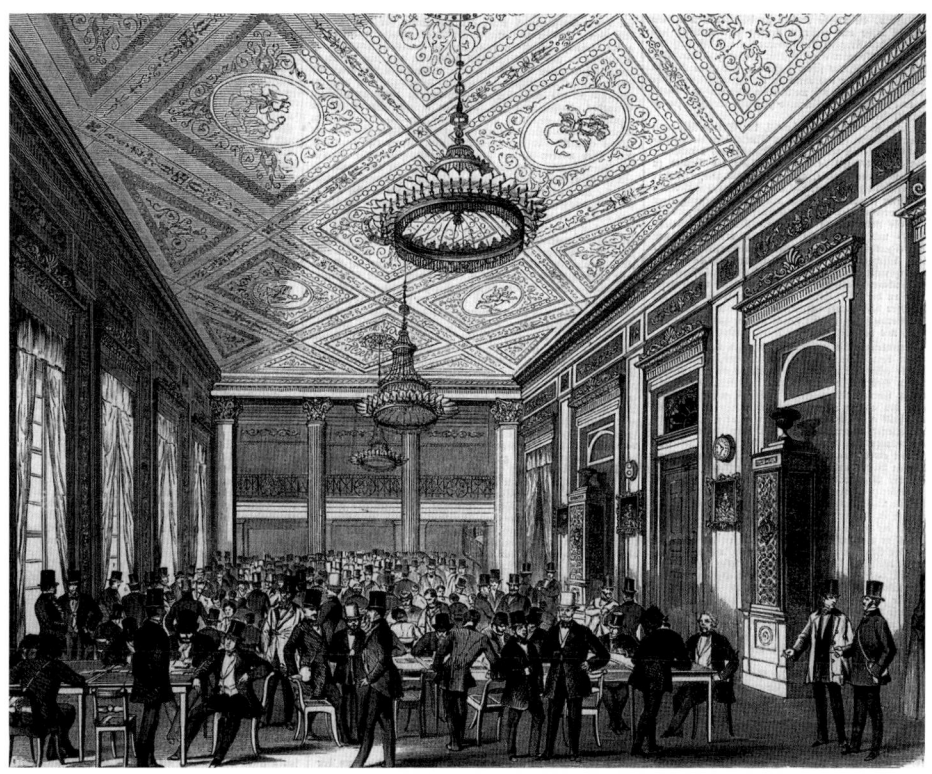

(Karl-Tauchnitz-Straße 33), Schwiegersohn von Alfred Kröner, der in erster Linie philosophische und soziologische Literatur herausgab, trafen sich am 12. Juni 1945 Amerikaner und eine Gruppe von unbelasteten deutschen Verlegern, um in einem Konvoi Richtung Wiesbaden aufzubrechen. Es sollten nicht die letzten sein, die die Flucht ergriffen. Der Börsenverein – seit 1955 umbenannt in Börsenverein des Deutschen Buchhandels – ist heute in Frankfurt am Main ansässig, der Kröner Verlag in Stuttgart.

Da Leipzig das europäische Zentrum der Buchkultur schlechthin war, gaben sich hier die Autoren die

Der zeitgenössische Holzstich von 1854 aus der „Illustrirten Zeitung" zeigt den Großen Saal der Buchhändlerbörse zur gut besuchten Ostermesse.

Klinke in die Hand. Fast jeder, der seine Werke verlegen lassen wollte, hatte zwangsweise mit Leipzig zu tun. Und die Leipziger Verleger suchten nach potenten Autoren. So kam eine fruchtbare Symbiose zustande, die für die Musik wie für die Literatur gleichermaßen galt. Leipzig wurde zum Pilgerort für Künstler, Musiker, Dichter. Beim Studium der Verlagsgeschichte wird augenscheinlich, dass neben Sachkenntnis, Geschäftssinn, Risikobereitschaft, Verantwortungsbewusstsein, Autorenpflege und Kommunikationsfreude die Familientradition eine ganz wichtige Voraussetzung für den Erfolg eines Unternehmens ist. Nahezu alle Verlage, die in Leipzig verblieben, wurden in Volkseigentum überführt.

Zahlreiche berühmte Verlage haben ihre frühen Wurzeln in Leipzig, so auch der älteste Musikverlag der Welt, Breitkopf & Härtel. Er wurde am 27. Januar 1719 von Bernhard Christoph Breitkopf gegründet, die dazugehörige Druckerei geht auf das Jahr 1541 zurück. Der erste Standort war das Haus „Zum Goldenen Bären" am Alten Neumarkt 11, der jetzigen Universitätsstraße. Der Bär wird bis zum heutigen Tag noch im Firmensignet verwendet. Sein Sohn und Nachfolger Johann Gottlob Immanuel erfand den Musikaliendruck mit beweglichen Notenlettern, das zeitaufwendige Stechen der Partituren entfiel. Weitere typografische Erfindungen ließen nicht auf sich warten: bewegliche Typen für den Landkartendruck, chinesische Schriftzeichen und die Breitkopf-Fraktur, eine bis ins letzte Jahrhundert verwendete gebräuchliche Schriftart. Goethe besuchte das Breitkopfsche Wohnhaus „Zum Silbernen Bären" am Alten Neumarkt 18 oft und nahm an Musikaufführungen teil. Natürlich war er auch mit Breitkopfs hübscher

Der Sitz des traditions-
reichen, 1719 gegründeten
Musikverlags Breitkopf &
Härtel befand sich von 1867
bis zur Zerstörung im Zweiten Weltkrieg in dem auf
dem Holzstich von 1869 dargestellten Gebäude unweit
des Bayrischen Platzes in der
heutigen Bauhofstraße 3.
Johann Gottlob Immanuel
Breitkopf (oben rechts), der
Sohn des Begründers, gilt als
Erfinder des Notensatzes und
revolutionierte den Musik-
notendruck.

Tochter Theodora Sophie Constantia befreundet. Literarisch setzte er ihr im Schäferspiel „Die Laune des Ver-
liebten" (1768) ein Denkmal. In einem Brief Goethes
heißt es: „Die ganze Familie (Breitkopf) sieht mich
gern, das weiß ich und deswegen komme ich auch."
1795 stieg der Kaufmann Gottfried Christoph Härtel in
das Unternehmen ein. Seit 1867 residierte die große
Druckerei in der jetzigen Bauhofstraße 3, dort wurden
um die Wende zum 20. Jahrhundert etwa 1000 Arbeiter
und Angestellte beschäftigt. Nach dem Zweiten Weltkrieg wurde der Hauptsitz des Verlags nach Wiesbaden
verlegt, der verbliebene Teil in Leipzig enteignet. Heute
firmiert der Verlag unter dem Namen „Breitkopf &
Härtel – Wiesbaden, Leipzig, Paris".
Die Edition Peters ist ein weiterer Musikverlag, der
1800 von Franz Anton Hoffmeister und Ambrosius
Kühnel als „Bureau de Musique" in Leipzig gegründet
wurde. Er gehörte später Carl Friedrich Peters, dann
dem bekannten Musikexperten Max Abraham und seinem Neffen Henri Hinrichsen. Das überaus repräsentative Wohn- und Geschäftshaus des Musikverlags wurde

Die Urschrift des 1723 in der Edition Peters erschienenen Faksimiles von Johann Sebastian Bachs Sinfonien befindet sich im Besitz der Deutschen Staatsbibliothek in Berlin. Die Inventionen und Sinfonien mit dem Originaltitel „Auffrichtige Anleitung", hier die Sinfonia Nr. 9 f-Moll, sind eine Werksammlung von Bach, bestehend aus 15 zweistimmigen und 15 dreistimmigen polyphonen Sätzen. Sie werden heute noch als Übung beim Erlernen des Klavierspiels verwendet.

1874 nach Entwürfen des Architekten Otto Brückwald in der Talstraße erbaut und vom Zweiten Weltkrieg verschont. Heute befindet sich in den Räumlichkeiten unter anderem die Edvard-Grieg-Gedenk- und Begegnungsstätte. Peters gründete auch die erste öffentlich und kostenlos zugängliche Musikbibliothek Deutschlands. Im 20. Jahrhundert wurde die jüdische Besitzerfamilie Hinrichsen zweimal enteignet, Henri Hinrichsen 1942 im Konzentrationslager Auschwitz ermordet. Die erste Enteignung erfolgte 1939 durch die NSDAP, nach der Rückgabe 1945 dann ein zweites Mal 1950 durch die SED. 1993 erhielt die Familie Hinrichsen den verstaatlichten Leipziger Verlag zurück.

Einer der traditionsreichsten und bekanntesten Verlage Leipzigs ist Reclam. Anton Philipp Reclam, der Sohn des Buchhändlers Carl Heinrich Reclam, gründete ihn als Verlag des von seinem Vater ins Leben gerufenen Literarischen Museums. Zu Weltruhm gelangte er durch die Universalbibliothek, einer Sammlung von Weltliteratur für jedermann. Für nur zwei Silbergroschen konnten sich nun auch ärmere Schichten Bil-

dung und Wissen aneignen. Die Hefte gab es in Bücherautomaten, eine absolute Neuheit im Buchhandel. Die Universalbibliothek war die älteste deutschsprachige Taschenbuchreihe. Ihr liegt das Bestreben zugrunde, einen einmal gedruckten Titel immer lieferbar zu halten. 1886 baute Reclam ein großes Druckereigebäude an der Kreuzstraße 5–7 mit Anbau zur Inselstraße 22–24. Das ganze Ensemble wird auch heute noch als Reclam Carrée bezeichnet. Der beeindruckende gelbe Klinkerbau mit imposantem Haupteingang überdauerte glücklicherweise als eines der wenigen Gebäude im Graphischen Viertel den Krieg. Über dem Portal prangt die Darstellung „Bildung für alle". Philipp Ernst Reclam, der Enkel des Gründers, verließ Leipzig, sein Sohn Heinrich hatte schon in Stuttgart das Pendantunternehmen gegründet. 1992 fand dann eine Wiedervereinigung beider Verlage statt, der Sitz blieb aber Ditzingen bei Stuttgart. Reclam Leipzig schloss 2006. In der Kreuzstraße befindet sich eine Gedenktafel für den Gründer des Verlags. In den Leipziger Klinkerbau zogen der MDR und das Max-Planck-Institut ein.

Das im Graphischen Viertel angesiedelte Geschäftshaus des 1828 von Anton Philipp Reclam mitbegründeten Reclam Verlags im August 1928 zur Hundertjahrfeier, bei der Thomas Mann die Laudatio hielt. Das kleine Bild oben links zeigt Hans Heinrich Reclam, den zweiten Verlagsleiter und Sohn des Gründers. Dantes bereits im 13. Jahrhundert entstandenes Werk „Das neue Leben", das seit 1879 als Broschur erhältlich war, erschien 1919 als gebundene Ausgabe bei Reclam.

Friedrich Arnold Brockhaus, hier auf einem Gemälde eines unbekannten Künstlers nach einer Zeichnung von Carl Christian Vogel von Vogelstein, gründete den alt-ehrwürdigen Brockhaus Verlag im Jahr 1805. Seit 1817 in Leipzig angesiedelt, hatte der Verlag eine bewegte Geschichte, die 2009 mit der Auflösung des Betriebs ein jähes Ende fand. Durch das veränderte Nutzerverhalten waren die Verkaufszahlen von gedruckten Nachschlage-werken erheblich gesunken.

1805 gründete Friedrich Arnold Brockhaus in Amster-dam den gleichnamigen Verlag, verlegte ihn 1817 nach Leipzig und siedelte ihn in der Querstraße an. Es wur-den weitere Grundstücke und angrenzende Häuser hinzugekauft, bis das ganze Areal zwischen Quer- und Salomonstraße Brockhaus gehörte, ein Imperium mit einer Fläche von über 16 000 Quadratmetern. Unter seinem Sohn Heinrich wurde der Verlag zu einem bei-spiellosen Erfolg geführt und durch Lexika und Reise-literatur berühmt. Man hatte ein Gespür für publi-kumswirksame Literatur und vermochte führende Wissenschaftler und prominente Schriftsteller an den Verlag zu binden. Zeitweilig galt Brockhaus als größ-ter Verlag der Welt. Max Brockhaus, der Urenkel von Friedrich Arnold, gründete auf dem Firmengelände einen Musikverlag. Max war über zwei Großtanten mit der Wagnerdynastie verwandt, bestens mit der Musikszene vertraut und saß im Vorstand des Gewand-hauses. Der Zweite Weltkrieg vernichtete einen Groß-teil der Gebäude des Verlags. 1950 erschien in Leipzig der „Volksbrockhaus". Dieses Buch wurde als Vorwand genutzt, den als „reaktionär" und „rückwärtsgewandt" bezeichneten Verlag zu enteignen. Der letzte Geschäftsführer der Firma, Fritz Brockhaus, durfte die Firma nicht mehr betreten, sein Privatvermögen wurde eingezogen. Sein Neffe Hans hatte schon im Juni 1945 mit den Amerikanern die Sowjetische Besat-zungszone Richtung Wiesbaden verlassen und den Verlag neu gegründet. Es gab nun zwei Brockhausver-lage in Ost und West. Nach der Wiedervereinigung kamen beide Verlage wieder zusammen und firmier-ten unter „Brockhaus-Zentrum Bibliographisches Institut & F. A. Brockhaus AG in Mannheim". Der stolze Brockhausverlag war vom größten Verlag der Welt zu einer Filiale geworden. Ein Denkmal für den Gründer Friedrich Arnold steht im Innenhof des ehemaligen Verlagsgeländes in Leipzig, sein Grab existiert noch auf dem Neuen Johannisfriedhof. Sein Sohn Heinrich ist seit 1872 Ehrenbürger der Stadt.

Ebenfalls in Leipzig gegründet wurde der erste Verlag, der sich ausschließlich mit medizinischen Themen befasste – der Thieme Verlag. Seine Bücher und Fachzeitschriften erlangten schnell Weltruf. Über 30 Nobelpreisträger zählten zu den Autoren. Der Gründer Georg Thieme besaß eine hochherrschaftliche Villa in der Karl-Tauchnitz-Straße 3, die der bekannte Architekt Max Pommer ursprünglich für eine Nichte Felix Mendelssohn Bartholdys errichtet hatte. Die Villa war auch im Zweiten Weltkrieg der Sitz des Verlags. Kurz vor Thiemes Tod wurde er Ehrendoktor der Alma Mater Lipsiensis. Nach 1925 wurde sein Teilhaber Bruno Hauff Geschäftsführer. Hauff zog einen Monat nach Kriegsende mit den Amerikanern zunächst nach Wiesbaden, dann nach Stuttgart, wo eine Neugründung des Georg Thieme Verlags mit Filialen in aller Welt erfolgte. In der Sowjetischen Besatzungszone fand sich der VEB Georg Thieme Leipzig in einem Zusammenschluss mehrerer medizinischer Verlage wieder. 1990 übernahmen die Stuttgarter den Leipziger Sitz, schlossen ihn aber 1992.

Der Baedeker Verlag wurde 1827 vom Buchhändler Karl Baedeker in Koblenz gegründet und von seinen Söhnen nach Leipzig verlegt, von wo das Unternehmen seine Weltgeltung erlangte. Anfänglich standen Bücher mit Rheinromantik im Vordergrund, bald umfasste das Verlagsprogramm Reiseliteratur aus der

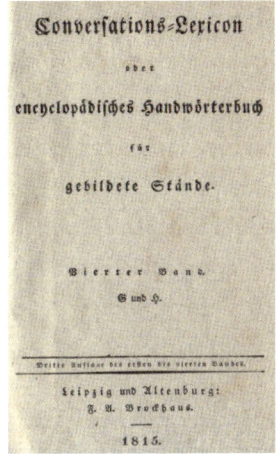

Das bedeutende enzyklopädische Werk „Meyers Konversations-Lexikon" wurde im 19. und 20. Jahrhundert vom Bibliographischen Institut herausgegeben und nach dessen Gründer Joseph Meyer benannt, hier das Titelblatt des vierten Bands der dritten Auflage von 1815. Die Weiterentwicklung wurde 1986 zugunsten der Brockhaus Enzyklopädie eingestellt, nachdem der Brockhaus-Verlag und das Bibliographische Institut 1984 zum Bibliographischen Institut & F. A. Brockhaus fusioniert waren.

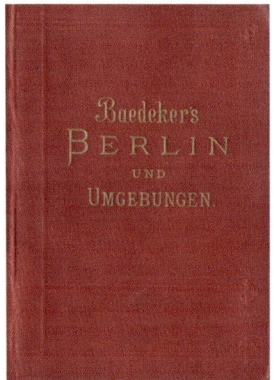

Der Baedeker Verlag hatte seinen Sitz von 1872 bis 1943 in Leipzig, oben der typische rote Einband der elften Auflage von „Baedekers Berlin und Umgebungen" von 1900. Unten das Titelbild von Rainer Maria Rilkes Erstauflage von „Die Weise von Liebe und Tod des Cornets Christoph Rilke", die 1912 den Erfolg der Insel-Bücherei begründete.

ganzen Welt. Ab 1846 wurden alle Baedeker-Reiseführer in rotem Einband mit Goldprägung und Baedeker-Sternen gedruckt, ein unverwechselbares Markenzeichen, das lange Zeit als höchste Auszeichnung im Fremdenverkehr galt. Amerikanische Bomben zerstörten den Verlagssitz Baedekers in der Nürnberger Straße 46 mit dem Verlagsarchiv und sämtlichen Kartenvorlagen. Die repräsentative Baedeker-Villa in der jetzigen Käthe-Kollwitz-Straße 64 blieb erhalten und kündete von einer überaus erfolgreichen Verlagszeit. Nach dem Krieg zog der Verlag, wie viele andere, in den Westen.

Seinen ursprünglichen Verlagssitz hatte auch der bekannte Insel Verlag, der heute zu Suhrkamp gehört, in Leipzig. Im Jahr 1905 übernahm Anton Kippenberg die Leitung des finanziell angeschlagenen Verlags und verlegte alle Werke von Rainer Maria Rilke, der zum berühmtesten Autor des Hauses avancierte. 1912 kam sein Bestseller „Die Weise von Liebe und Tod des Cornets Christoph Rilke" auf den Markt. Berichtet wird über einen Vorfahren Rilkes, der 1663 gegen die Türken gefallen war. Die ersten 10 000 Exemplare waren sofort vergriffen; das Buch begründete den Erfolg der „Insel-Bücherei" und erreichte bis 2006 54 Auflagen mit 1,14 Millionen verkauften Exemplaren. Doch eigentlich war Kippenberg Goetheverehrer und -sammler. Bei ihm erschien Goethe von der Werksausgabe bis zum Faksimile-Druck. Kippenberg war 1929 Gründungsmitglied des Rotary Clubs Leipzig, einer aus den USA kommenden humanitären Gemeinschaft von Berufsleuten, und floh 1945 aus der Sowjetischen Besatzungszone in den Westen. Später wurde der Insel Verlag in Frankfurt neu gegründet, die Dependance in

Leipzig blieb bestehen. Nach der Wiedervereinigung kamen auch die beiden Teilverlage wieder zusammen. Zum Schluss ein weiterer wichtiger Verlag, der in Leipzig seine Wurzeln hat: Ernst Rowohlt befeuerte seit 1908 die moderne deutsche Literatur. Kurt Wolff, der als Hauptvertreter des literarischen Expressionismus gilt, wurde sein stiller Gesellschafter, 1912 übernahm er den Rowohlt Verlag und gab ihm seinen Namen. Franz Kafka war bei ihm Autor, Franz Werfel, Kurt Pinthus, Walter Hasenclever und Johannes R. Becher waren seine Lektoren. Alle spielten später politisch oder literarisch eine bedeutende Rolle. 1919 wurde von Ernst Rowohlt in Berlin unter seinem Namen ein neuer Verlag gegründet.

Die Leipziger Bibliotheken

Am 2. September 1916 wurde zwischen Völkerschlachtdenkmal und Neuem Rathaus die Deutsche Bücherei errichtet. Im Innern ist sie einschließlich des Treppenhauses und des großen Lesesaals im Jugendstil gehalten. Die Gründung erfolgte durch den Börsenverein der Deutschen Buchhändler zu Leipzig, die Stadt Leipzig und das Königreich Sachsen. Zum Hintergrund: Allein 1911 erschienen in Deutschland 33 000 Druckwerke, ohne dass diese bibliografisch erfasst gewesen wären. Die Bücherei sollte ein Archiv des deutschen Schrifttums sein, es jedermann zugänglich machen und die Funktion einer Nationalbibliothek haben; eine staatliche Gründung war aufgrund der föderalistischen Strukturen des Deutschen Reiches nicht möglich. Während der Zeit des Nationalsozialismus und des Kom-

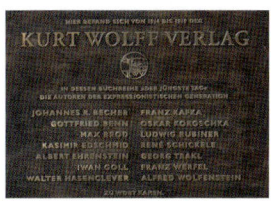

Der Insel Verlag hat viele Texte bedeutender Autoren und Philosophen herausgegeben, z. B. Friedrich Nietzsches „Also sprach Zarathustra. Ein Buch für Alle und Keinen", oben das Cover der Ausgabe von 1908. An der Ecke Kreuzstraße/Inselstraße erinnert heute eine Gedenktafel (unten) an den legendären Verleger Kurt Wolff.

Der imposante Lesesaal der Deutschen Nationalbibliothek, früher unter dem Namen Deutsche Bücherei bekannt. Seit 1913 sammelt sie als zentrale Archivbibliothek alle deutschen und deutschsprachigen Medienwerke im Original. Das Gebäude wurde von 1914 bis 1916 nach Entwürfen von Oskar Pusch errichtet.

munismus durften die Werke nicht mehr lückenlos in die Verzeichnisse aufgenommen und ausgeliehen werden. Viele Bücher wurden ausgesondert und ausgelagert. Bücher von Autoren, die aus der DDR ausgebürgert oder geflohen waren, wurden gesperrt und in sogenannten „Giftschränken" verschlossen, zu denen nur die staatlichen Stellen Zugang hatten – ein offener Bruch mit den Statuten. Aus diesem Grund wurde in Frankfurt am Main eine zweite „Deutsche Bibliothek" gegründet. Im Einigungsvertrag zwischen der BRD und der DDR wurde eine Zusammenführung der Leipziger und der Frankfurter Institution einschließlich des Deutschen Musikarchivs in Berlin geregelt. 2006 wurde die Deutsche Bücherei in Deutsche Nationalbibliothek (DNB) umbenannt. Allein in Leipzig, neben Frankfurt am

Main heute der zweite Standort, hat sie einen Bestand von etwa 17 Millionen Medien. Aufgrund der stetig wachsenden Bestände waren mehrere Erweiterungen vonnöten, die letzte wurde im Mai 2011 eingeweiht.

Die Universitätsbibliothek (Bibliotheca Albertina) in der Beethovenstraße 6 ist architektonisch mit dem ehemaligen Reichsgericht verwandt und ihm benachbart. Sie wurde von 1887 bis 1891 im Stil der italienischen Hochrenaissance als symmetrisch angelegter Vierflügelbau errichtet. Ein für seine Fresken berühmtes Treppenhaus, der wunderschöne Lesesaal und zwei Drittel des Hauptgebäudes gingen im Krieg verloren. Erst 2002 konnte die Rekonstruktion der Bibliothek und die Originalherstellung der Fassade abgeschlossen werden. Die Innenhöfe sind heute überdacht und dienen als Lesesäle. Die Bestände wurden im Zweiten Weltkrieg ausgelagert und sind unversehrt. In der Bibliothek werden neben wertvollen Papyri eine etwa 3500 Jahre alte medizinische Abhandlung sowie Autografen, Inkunabeln und Drucke des 16. Jahrhunderts aufbewahrt. Die Bibliothek besitzt auch eine der 49 noch existierenden Gutenbergbibeln, die Leipziger Weltchronik, die Reste der ältesten erhaltenen Weltchronik aus dem 2. Jahrhundert n. Chr., und Teile des Codex Sinaiticus, eines der bedeutendsten Bücher der Welt, den der Leipziger Theologieprofessor Konstan-

Blick auf den Freihandlesesaal der Universitätsbibliothek Leipzig. Die Bibliotheca Albertina wurde 1543 während der Reformationszeit gegründet und bezog den heutigen Standort Ende des 19. Jahrhunderts. Seit 2002 wieder in alter Pracht zu bewundern, beherbergen die Bibliothek und ihre Zweigstellen über fünf Millionen Bände, 8500 fortlaufend bezogene Zeitschriften, 8800 mittelalterliche und neuzeitliche Handschriften, 5000 Papyri, 3600 frühe Drucke des 15. Jahrhunderts und 173 000 Autografen.

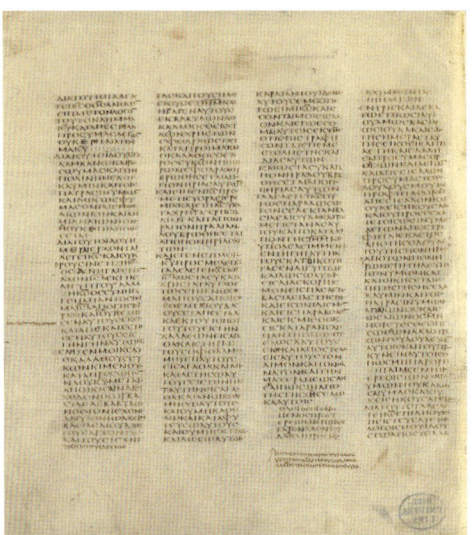

Die von der Bibliotheca Albertina im Jahr 2006 herausgegebene Reproduktion zeigt ein Originalblatt der ältesten Bibel der Welt aus dem 4. Jahrhundert: Der Codex Sinaiticus stellt die erste überlieferte vollständige Fassung des Neuen Testaments dar. In der Leipziger Universitätsbibliothek lagern zahlreiche Originalblätter der Bibelmanuskripte, gemeinsam mit der British Library London, der Russischen Nationalbibliothek St. Petersburg und dem Katharinenkloster untersuchen Wissenschaftler der Albertina die auf dem Sinai gefundenen wertvollen Blätter.

tin von Tischendorf 1844 im Katharinenkloster auf dem Sinai nach langen Recherchen aufspürte. Der Codex Sinaiticus ist die älteste erhalten gebliebene Handschrift der Bibel und stammt aus der ersten Hälfte des 4. Jahrhunderts. Sie ist vierspaltig in griechischer Sprache abgefasst. Das Neue Testament liegt vollständig vor, das Alte Testament zur Hälfte. Von den insgesamt 407 vorliegenden Blättern besitzt die Universitätsbibliothek 43, die British Library 347. Der Rest liegt in St. Petersburg und im Katharinenkloster. In den letzten Jahren ist eine virtuelle Zusammenfügung aller erhaltenen Blätter des Codex vorgenommen worden.

Leipzig liest

Die Geschichte der Leipziger Buchmesse kann bis ins 17. Jahrhundert zurückverfolgt werden. Immer gab es eine Konkurrenz zur Frankfurter Messe, man beäugte sich gegenseitig, heute wie früher. Von 1632 bis 1945 war Leipzig die Nummer eins, vorher und nachher Frankfurt. Dennoch blieb die Buchmesse auch während der DDR-Zeit ein wichtiger Treffpunkt für Buchhändler aus Ost und West. Sie fand im Messehaus am Markt rechts neben dem Königshaus statt, zog nach der Wende auf das neue Messegelände und gilt als wichtiger Impulsgeber für den Büchermarkt. Zu DDR-Zeiten war die Leipziger Buchmesse ein Tor zum Wes-

ten, nach 1989 ein Tor zum Osten.
Sie hat den Charakter einer Publikumsmesse, die Begegnung zwischen Autor und Besucher steht im
Vordergrund. Im Jahr 2015 kamen
2263 Aussteller aus 42 Ländern und
über 180 000 Besucher. Alljährlich
werden mehrere Preise verliehen:
der Preis der Leipziger Buchmesse,
der Leipziger Buchpreis zur Europäischen Verständigung und der Deutsche Jugendliteraturpreis. Um sich
von Frankfurt abzuheben, wird
gleichzeitig ein Lesefestival durchge-
führt, das von der Leipziger Messe,

dem Bertelsmannkonzern, dem Börsenverein des
Deutschen Buchhandels, dem MDR und der Stadt
Leipzig getragen wird. Dieses Lesefestival „Leipzig
liest" gilt heute mit 3200 Veranstaltungen und 3000
Mitwirkenden an 410 Orten als Europas größtes Lesefest und kann auf eine Erfolgsgeschichte ohnegleichen
zurückblicken. Für diesen Erfolg ist die Mischung von
Literaturstars, Newcomern, Pop-Größen, Polit-Promis,
jungen Dichtern, ausgefallenen Veranstaltungsorten
und der „Langen Leipziger Lesenacht" verantwortlich.
Im Gegensatz zu anderen klassischen Literaturfestivals
ist das Lesefest in Leipzig als Marketing-Verstärker für
die Messeauftritte der Verlage gedacht, wobei jedem
Aussteller die Teilnahme am Programm offensteht.
Das macht „Leipzig liest" bunt und vielfältig.

Das Lesefest „Leipzig liest"
hat auf der Leipziger Buchmesse eine über zwanzigjäh-
rige Tradition. 2015 gab es
3200 Veranstaltungen an
über 410 Orten auf dem Messegelände und in der Stadt.
Auf dem Foto liest der Autor
Wolf Schmid (2. v. l.) im
Fahrradladen Dr. Seltsam, der
sich abends in eine Kneipe
verwandelt, aus seinem
Debütroman „Pedalpilot
Doppel-Zwo", der von Fahr-
radkurieren in Hamburg
handelt.

Das musikalische Leipzig

Ach wie beneide ich immer Leipzig um seine Musik.

Clara Schumann

Messestadt, Musikstadt, Buchstadt –
dies alles trifft auf Leipzig zu und hat
seine Berechtigung. Aber in erster
Linie ist Leipzig eine „Bürgerstadt".
Sie war nie herrschaftliche Residenz,
ist seit einem Jahrtausend selbststän-
dig, wuchs aus eigener Kraft durch
das bürgerschaftliche Engagement
seiner Einwohner: Bürgersinn, Bildung, Handel und Kunstliebe konnten sich frei entfalten. Das führte
dazu, dass bereits im 17. Jahrhundert
das gesamte gesellschaftliche Leben,
wie in keiner anderen deutschen
Stadt, von Musik geprägt war. Leipzig entwickelte sich zur bürgerlichen Metropole der Musik.

Ein wichtiger Wegbereiter war Georg Philipp Telemann, der zwanzigjährig von seiner Mutter zum Jurastudium nach Leipzig geschickt wurde. Er saugte die
neuen Impulse und die Musikalität der Stadt auf und
vervollkommnete seine musikalische Entwicklung im
Selbststudium. Die universitären Vorsätze im Fach
Jurisprudenz blieben auf der Strecke. Er begann in der
Thomaskirche zu konzertieren. Der Bürgermeister
wurde auf den jungen Musiker aufmerksam und
beauftragte ihn, gegen Entgelt zwei Kantaten pro
Monat für die Thomaskirche zu komponieren. Telemann gründete ein vierzigköpfiges Amateurorchester,
das er „Collegium musicum" nannte. Zudem leitete er
Aufführungen des Opernhauses, komponierte Opern
und sang gelegentlich auch selbst. Eine steile musikalische Karriere, die ihresgleichen sucht. Das Angebot,

Die Stadt Leipzig hat nicht
nur zahlreiche Schriftsteller
hervorgebracht, sondern war
und ist auch eine Stadt der
Musik. Der Komponist
Georg Philipp Telemann,
hier auf einem Kupferstich
von Georg Lichtensteger um
1745, begann seine Karriere
in Leipzig, um sie später in
Hamburg zur künstlerischen
Vollendung zu bringen.

Der große Komponist Johann Sebastian Bach verbrachte 27 Jahre seines Lebens in Leipzig. Der Kupferstich von Johann Gottfried Krüger aus dem Jahr 1723 zeigt seine Wirkstätte (rechts): die Thomaskirche, die angeschlossene Thomasschule und der Steinerne Wasserkasten. Der berühmte Thomaskantor – oben auf dem einzig authentischen Porträt, das zu seinen Lebzeiten von Elias Gottlob Haussmann gemalt wurde und im Stadtgeschichtlichen Museum ausgestellt wird – hatte in Leipzig in künstlerischer und familiärer Hinsicht seine fruchtbarste Zeit: Hier komponierte er hunderte Stücke und zeugte elf Kinder.

1704 Thomaskantor zu werden, schlug er aus und verließ Leipzig, um später Musikdirektor der Stadt Hamburg zu werden.

1723 wurde ein neuer Thomaskantor gesucht. Die Stadträte favorisierten wieder Telemann, der abermals absagte, nachdem sein Gehalt in Hamburg nach der Offerte aus Leipzig auf 400 Taler erhöht worden war. Ein weiterer Kandidat auf der Liste war Johann Sebastian Bach, der hochfürstliche Kapellmeister zu Köthen. Er war zweifellos nicht die erste Wahl. Als er aber etwas später zur Vorstellung in Leipzig seine Kantate „Jesus nahm zu sich die Zwölfe" auf der Orgel spielte, waren alle begeistert. Am 19. April 1723 unterschrieb Bach seinen Anstellungsvertrag als Lateinlehrer an der Thomasschule und als Kantor in den vier

Hauptkirchen der Stadt. Bachs Familie kam daraufhin samt Hausrat in sechs Kutschen von Anhalt nach Sachsen und bezog eine Dienstwohnung nahe der Thomaskirche. Die Thomasschule, die in unmittelbarer Nähe zur gleichnamigen Kirche liegt, war eine Armenschule mit Internat und in erbärmlichem Zustand. Die Schüler mussten als Gegenleistung für den Unterricht in den Kirchen der Stadt singen. Während der gesamten Leipziger Zeit lag Bach mit dem Stadtrat im Streit um seine Befugnisse. Diese Zwistigkeiten waren dem Umstand geschuldet, dass Bach als Lehrer der Schule und Kantor ihres Chores eingestellt war, sich aber als Vollblutmusiker fühlte. Den Komponisten

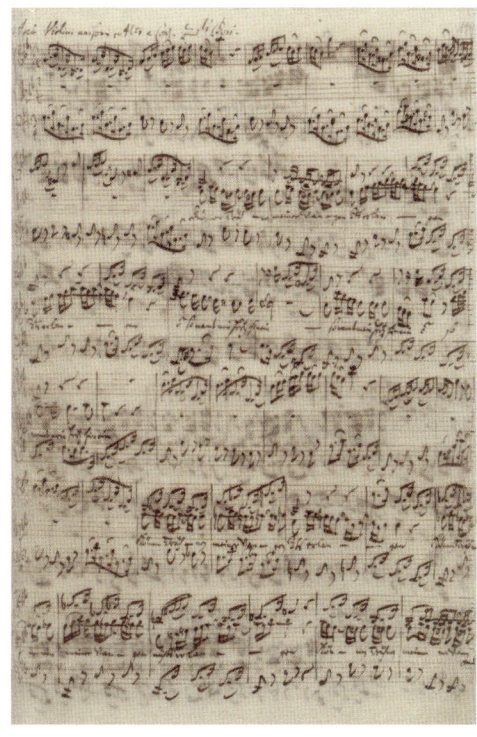

von Weltrang vermochten die Ratsherren in ihm nicht zu erkennen.

Bei Bach paarten sich Genie, Fleiß und Ehrgeiz auf das vortrefflichste: Er komponierte Sonntag für Sonntag eine neue Kantate. Die Texte für seine Musik schrieb unter anderem Christian Friedrich Henrici, der sich schon unter dem Pseudonym Picander als Verfasser einen Namen gemacht hatte. Das, was an Kirchenmusik vorlag, reichte Bach nicht, war ihm qualitativ unzureichend. Zur Ehre Gottes war Größeres, Edleres, Genialeres vonnöten. Die ersten Jahre in Leipzig wurden die fruchtbarsten in Bachs Komponistenleben. Nach einem Jahr Schwerstarbeit wurde die Matthäus-

Bach komponierte eines seiner bedeutendsten Stücke in Leipzig: Die Uraufführung der Matthäuspassion, hier eine von Bach eigens niedergeschriebene Version von 1727, fand im selben Jahr in der Thomaskirche statt. Nach Bachs Tod zunächst in Vergessenheit geraten, wurde das Meisterwerk über das Leiden und Sterben von Jesus 1829 von Felix Mendelssohn Bartholdy wiederentdeckt.

131

passion am Karfreitag 1727 in der Thomaskirche uraufgeführt: Drei Stunden Musik für zwei Orgeln, zwei Chöre und zwei Orchester. Der Stadtrat war entsetzt: „Der Cantor ist incorrigibel!", hieß es. Das war so nicht geplant, derart schwere komplizierte Musik nicht gewollt. Bach blieb von den Banausen im Rathaus unverstanden.

Bachs zweite Ehefrau Anna Magdalena, die dem Künstler zu Hause den Rücken freihielt, schenkte ihm in den ersten sechs Leipziger Jahren fünf Kinder. Konflikte blieben nicht aus. Bach vernachlässigte den Lateinunterricht, seine ureigenste Aufgabe. Der Rat der Stadt beklagte: „Der Cantor tuet nichts." Das Geld war knapp. Bach suchte nach Nebeneinkünften. Er übernahm das von Telemann gegründete „Collegium musicum" und konzertierte in Kaffeehäusern (die Uraufführung seiner Kaffeekantate fand im Zimmermannschen Kaffeehaus in der Katharinenstraße statt) und auf dem Lande (die Bauernkantate wurde im Rittergut Kleinzschocher im Südwesten Leipzigs uraufgeführt). Durch seine vielen Nebentätigkeiten besserte sich die finanzielle Situation. 1730 kam er immerhin auf 700 Taler jährlich, so steht es wenigstens in einem seiner Briefe („meine itzige Situation belaufen sich auf etwa 700 Reichstaler"). Aber das Leben in Leipzig war teuer und die Kinderschar groß. Aus zwei Ehen gingen 20 Kinder hervor, auch wenn nur die Hälfte das dritte Lebensjahr überlebte. Aus allen Söhnen wurden vortreffliche Musiker: Bachs wohl bekanntester Sohn, Carl Philipp Emanuel, der zu Lebzeiten seinen Vater an Ruhm überstrahlte, begleitete Friedrich den Großen in Sanssouci bei seinen legendären Flötenkonzerten am Cembalo und trat nach Empfehlung seines

Paten Georg Philipp Telemann dessen Nachfolge als städtischer Musikdirektor in Hamburg an. Der jüngste Sohn Johann Christian machte in Mailand sowie London Karriere und hatte später großen Einfluss auf den Stil des jungen Mozart. Johann Sebastian Bach komponierte in Leipzig fast 300 Kirchenkantaten und Motteten, das „Weihnachtsoratorium", das „Wohltemperierte Klavier", die „Kunst der Fuge", die „Johannes-" und die „Matthäuspassion" und die „große Messe in h-Moll". Letztere gilt für Experten als eine der größten künstlerischen Leistungen der abendländischen Kultur schlechthin. Die h-Moll-Messe gipfelt in dem Satz: „Dona nobis pacem" – Gib uns den Frieden. Bach verstand sein gesamtes künstlerisches Schaffen als Gottesdienst.

In den letzten Lebensjahren ließ Bachs Augenlicht nach: Der graue Star wurde von dem englischen Okulisten John Taylor beiderseits im Leipziger Gasthof „Zu den drey Schwanen" am Brühl 7 in unmittelbarer Nähe zum späteren Geburtshaus von Richard Wagner operiert. Bach erblindete. Er selbst sagte in dieser Situation: „Des Herrn Wille geschehe! Ich sehe nichts." Als Bach am 28. Juli 1750 starb, nahm die Stadt kaum Notiz davon. Zunächst wurde er auf dem Alten Johannisfriedhof ohne Grabstein beigesetzt und vergessen. Anna Magdalena Bach starb zehn Jahre später als Almosenfrau. Erst Felix Mendelssohn Bartholdy entdeckte Bach wieder neu, führte 1829 die Matthäuspassion auf und löste damit eine anhaltende Bach-Renaissance aus. Später wurde Bach in die Johanniskirche überführt, wo er zusammen mit Christian Fürchtegott Gellert in der Krypta ruhte – bis die Bomben des Zweiten Weltkrieges die Kirche,

Auch Bachs wohl berühmtester Sohn, Carl Philipp Emanuel, lebte und studierte in Leipzig. Laut eigener Aussage habe er nie einen besseren Lehrer gehabt als seinen Vater. Hier ist er von einem Mitglied der Familie, dem Musiker und Maler Johann Philipp Bach, um 1773 dargestellt.

nicht aber die Krypta zerstörten. Sein Sarg wurde im Jahr 1950 aus der zerstörten Johanniskirche von Leipziger Handwerkern in die Thomaskirche überführt und dort dem zuständigen Superintendenten übergeben, angeblich mit den Worten: „Tach, wir bring'n Bach." Seine allerletzte Ruhe fand Bach in der Apsis der Kirche, dort wo er 27 Jahre gewirkt hatte und zu einem ganz Großen wurde. Seine Grabplatte ist stets mit frischen Blumen von Besuchern aus der ganzen Welt geschmückt. „Dona nobis pacem." Beethoven sagte bewundernd über ihn: „Nicht Bach – Meer sollte er heißen." Das gesamte geistliche und weltliche Werk Bachs ist verpflichtendes Erbe der deutschen Kultur. Es wird vom Leipziger Bacharchiv, das im historischen Bosehaus am Thomaskirchhof untergebracht ist, betreut. Im gleichen Haus befindet sich ein Bach-Museum mit alten Handschriften und Noten, dem Spieltisch der Leipziger Johanniskirchenorgel, die Bach 1743 abgenommen und geprüft hat, und Utensilien aus dem ersten Bachgrab. Seit 1908 findet jährlich das Bachfest Leipzig mit über 100 Veranstaltungen in zahlreichen Leipziger Kirchen statt.

Seit Bach es innehatte, übte das Amt des Thomaskantors eine ganz besondere Magie aus. Es verband höchste Reputation mit außerordentlichem Respekt. Viele strebten es an. Ab jetzt wurde die Zeit in Leipzig anders gezählt, nicht in Jahren, sondern in der Reihenfolge der Thomaskantoren nach Bach. Als Johann Adam Hiller aus Schlesien zum Jurastudium nach Leipzig geschickt wurde, erlebte auch er, wie viele vor und nach ihm, die Faszination der Musikmetropole und die Einzigartigkeit der Bachschen Musik. Im

Gegensatz zu Telemann, Goethe und Schumann beendete er sein Studium 1754 trotz starker künstlerischer
Neigungen. Er wurde später alles, was man als Musiker
in Leipzig werden kann: Hiller war in Personalunion
der erste Gewandhauskapellmeister, Musikdirektor
zweier Kirchen und der dritte Thomaskantor nach
Bach. Er gab in Leipzig 1759 eine der ersten deutschen
Musikzeitschriften, „Der musikalische Zeitvertreib",
heraus und begründete die deutsche Spieloper. An der
Nordwestecke der Thomaskirche hängt ihm zu Ehren
eine Relieftafel.

Ein weiteres Schwergewicht der deutschen Musikszene
verschlug es ebenfalls nach Leipzig: Felix Mendelssohn
Bartholdy war bereits ein gefeierter internationaler
Star, als er im August 1835 mit 26 Jahren als Musikdirektor und Kapellmeister des nicht minder berühm-

Im Bosehaus, direkt gegenüber der Thomaskirche,
befinden sich das Bach-
Archiv und das Bach-
Museum. Die Dauerausstel-
lung widmet sich dem Leben
und Wirken Johann Sebas-
tian Bachs. Herzstück ist die
Schatzkammer mit den wert-
vollsten Beständen. Größte
Kostbarkeiten sind originale
Handschriften von Bach, die
besonders lichtempfindlich
sind und daher mehrfach im
Jahr ausgetauscht werden
müssen.

Felix Mendelssohn Bartholdy, Komponist, Pianist und Ausnahmekünstler, gilt als einer der bedeutendsten Musiker der Romantik. Der Wiederentdecker der Bachschen Musik ist hier auf einer Lithografie von Friedrich Jentzen aus dem Jahr 1837 zu sehen.

ten Gewandhauses nach Leipzig kam. Sein Großvater war der bekannte jüdische Philosoph Moses Mendelssohn, die Familie war wohlhabend und angesehen. In Leipzig setzte sich der Siegeszug Mendelssohn Bartholdys fort. Bei seinem ersten Konzert im Gewandhaus spielte er unter anderem seine Ouvertüre „Meeresstille und glückliche Fahrt". Er rauschte von Erfolg zu Erfolg, komponierte Konzert um Konzert. Im Jahr 1837 heiratete er Cécile Charlotte Sophie Jeanrenaud, eine hugenottische Pfarrerstochter, mit der er fünf Kinder haben sollte. Am 13. März 1845 wurde in Leipzig das Violinkonzert in e-Moll uraufgeführt, es blieb das beliebteste Violinkonzert weltweit. Ein Jahr später folgte in Birmingham sein letztes großes Werk, das Oratorium „Elias". Das Arbeitspensum Mendelssohn Bartholdys war gigantisch, er reiste allein zehnmal zu Konzerten nach England. Nebenbei gründete er 1843 die erste deutsche Musikhochschule, das Conservatorium der Musik, das heute noch als Hochschule für Musik und Theater „Felix Mendelssohn Bartholdy" Leipzig existiert, und führte in der Thomaskirche Orgelkonzerte auf. Das Konservatorium befand sich zunächst im Hofgebäude des Gewandhauses, heute ist es in einem prächtigen Bau in der Grassistraße 8. Mendelssohn wurde Ehrendoktor der Philosophischen Fakultät und Leipziger Ehrenbürger. Er galt als der bedeutendste Musiker der Romantik, weltweit als der erste moderne Dirigent und Förderer der Werke von Georg Friedrich Händel und Johann Sebastian Bach. Am 4. November 1847 starb Mendelssohn Bartholdy nach mehreren Schlaganfällen und einem höchst intensiven Leben im Alter von nur 38 Jahren in der Beletage seines Wohnhauses in der heutigen Goldschmidtstraße 12, in dem

sich jetzt ein Museum, das Mendelssohn-Haus, befindet. 1892 ehrte ihn die Stadt Leipzig mit einem Denkmal vor dem zweiten, im Zweiten Weltkrieg zerstörten Gewandhaus im Musikviertel. Im Dritten Reich wurde das Denkmal geschleift, nach der Wiedervereinigung aber als Kopie mit einer Höhe von sieben Metern im Herzen der Stadt am Dittrichring gegenüber von der Thomaskirche wieder aufgestellt. Die Stadt Leipzig lobt ihm zu Ehren einen Mendelssohn-Preis aus und lässt regelmäßig entsprechende Festtage stattfinden.

Wie so viele andere kam auch Robert Schumann nach mütterlichem Rat 1828 aus Zwickau nach Leipzig, um Jura zu studieren. Er blieb 16 Jahre hier, sie gelten als die entscheidenden in der Reifung und Selbstfindung des musikalischen Genies. Mit Jura wurde es nichts, dafür nahm er Klavierunterricht beim bekannten

Das Mendelssohn-Haus in der Goldschmidtstraße ist heute als letzte baulich erhalten gebliebene Privatadresse des Musikers und Komponisten Felix Mendelssohn Bartholdy als Museum zu besichtigen. Das Wohn- und Sterbehaus Bartholdys wurde erst 1844, drei Jahre vor dem Tod des Musikers, im spätklassizistischen Stil erbaut.

Das Ausnahme-Künstlerehepaar Clara und Robert Schumann auf einer Lithografie von Eduard Kaiser, 1847. Das Ehepaar, das gegen den Willen von Claras patriarchischem Vater Friedrich Wieck geheiratet hatte, bezog ihre erste gemeinsame Wohnung in Leipzig, dem heutigen Schumann-Haus. Das Antlitz von Clara wird vielen Deutschen noch von ihrem Konterfei auf dem Hundertmarkschein bekannt sein.

Virtuosen Friedrich Wieck. Seine kleine Tochter Clara war schon auf dem Weg, eine erfolgreiche Pianistin zu werden. Ihr Vater hatte Großes mit ihr vor und erzog sie autoritär. Mit neun Jahren spielte sie im Gewandhaus, mit 13 lag ihr ganz Paris zu Füßen. Die Familie Wieck wohnte nur 200 Meter vom Gewandhaus entfernt, am Neumarkt 28 an der Ecke zum Preußergäßchen, in dem sich auch der Gasthof „Hohe Lilie" befand, in dem Clara zur Welt gekommen war. Zunächst las Robert der kleinen Clara Märchen vor. 1833 trat er zum ersten Mal als Komponist in Erscheinung, wobei Clara im Gewandhaus den ersten Satz seiner Sinfonie in g-Moll spielte. 1835 funkte es dann zwischen ihnen. Claras Vater zog alle Register, um die beiden auseinanderzubringen – erfolglos. 1840 wurde geheiratet, nachdem das Paar gegen den Vater vor Gericht geklagt hatte, um von Amts wegen eine Einwilligung zur Eheschließung zu erzwingen. Die Ehe wurde in der Dorfkirche von Schönefeld bei Leipzig geschlossen, ihre erste gemeinsame Wohnung war in der Inselstraße 18, dem heutigen Schumann-Haus, in dem ein originelles Museum und ein historisch-restaurierter Konzertsaal untergebracht sind, wo alljährlich im September die Schumann-Festwochen stattfinden. Felix Mendelssohn Bartholdy, Franz Liszt und Hector Berlioz gingen bei den Schumanns ein und aus. Im September 1835 machte Mendelssohn Bartholdy Frédéric Chopin bei

Clara Wieck bekannt. Beim nächsten Leipzigbesuch Chopins traf er auch auf Robert Schumann. Die Freundschaft hielt ein Leben lang, man widmete sich gegenseitig Musikstücke. Robert über Frédéric: „Chopins Werke sind unter Blumen eingesenkte Kanonen." Frédéric lobte im Gegenzug die brillante Klaviertechnik Claras, die als einzige Pianistin die komplizierten Werke fehlerfrei spielen konnte.

Die Ehe der Schumanns machte alle Höhen und Tiefen durch. Roberts künstlerisches Schaffen explodierte nach der Eheschließung auf allen Gebieten; er wurde ein weltberühmter Komponist und Schöpfer einer „neuen poetischen Zeit" in der Musik. Clara vervollkommnete ihren Interpretationsstil und wurde zur Sachwalterin des Schumannschen Klavierschaffens: eine einzigartige Paarbeziehung und Künstlerehe, aus

Die Ausstellung des Museums im Schumann-Haus in den ehemaligen Wohnräumen Robert und Clara Schumanns in der 1. Etage berichtet über das Leben und Wirken des Künstlerpaars. In den übrigen Räumen des 1999 sanierten Hauses befindet sich die Grundschule Clara Schumann, die eine künstlerisch-musische Ausrichtung hat.

Das Geburtshaus des Komponisten Richard Wagner am Brühl um 1885. Im Gegensatz zu vielen anderen historischen Bauwerken existiert es heute nicht mehr. Wagner, der bis 1834 in Leipzig lebte, gilt als einer der wichtigsten Erneuerer der europäischen Musik im 19. Jahrhundert.

der acht Kinder hervorgingen. 1844 übersiedelte die Familie nach Dresden, nachdem sich Robert vergeblich um die vakante Stelle des Musikdirektors am Gewandhaus beworben hatte. Vor dem Umzug gaben dort beide ein Abschiedskonzert.

Der Zeitgenosse der Schumanns Richard Wagner kam am 22. Mai 1813 am Brühl 3 im Gasthof „Zum roten und weißen Löwen" als neuntes Kind zur Welt und wurde in der Thomaskirche getauft. Sein Vater starb in den Wirren der Völkerschlacht an Typhus. Richards Mutter heiratete wieder und zog mit der Familie nach Dresden. 1817 wurde Richard unter dem Nachnamen seines Stiefvaters Geyer eingeschult. Nach dessen Tod kehrte die Familie wieder nach Leipzig zurück. Zwischenzeitlich hatte Richard aber immer wieder die Geschwister des leiblichen Vaters, die im Königshaus am Markt in Leipzig wohnten, besucht. Onkel Adolph war Privatgelehrter, Tante Friederike kümmerte sich um die Gästezimmer der hochadeligen Besucher Leipzigs, die gewohnheitsmäßig im Königshaus unterkamen. Sobald kein hochwohlgeborener Besuch in der Stadt weilte, gestattete Tante Friederike ihrem Neffen, eine Etage weiter unten in Plüsch und Seide zu schlafen. Das ganze Ambiente machte großen Eindruck auf ihn. Holte er sich hier erste Inspirationen für sein Haus Wahnfried in Bayreuth? Das Geburtshaus Richard Wagners wurde 1886 abgetragen und mehrfach überbaut. Jetzt stehen an dieser Stelle die „Höfe am Brühl". Richard besuchte zunächst die Nikolai- und später die Thomas-schule. Mit dem Lernen hatte er so seine Schwierigkeiten, er dichtete lieber, zum Beispiel ein Trauerspiel in fünf Akten, das er „Leubald und Adelaide" nannte. In der spätklassizistischen Aula der Niko-laischule sowie beim damaligen Thomaskantor Christian Theodor Weinlig, dem sechsten nach Bach, erhielt Wagner, genau wie Clara Wieck, Musikunterricht. Später sagte der Gewandhausmusiker Robert Sipp über Richard: „Er hatte eine rasche Auffassung, doch er war faul und wollte nicht üben. Er war mein schlechtester Schüler." Zu Weihnachten 1830 wurde Wagners erste Komposition, die sogenannte „Paukenschlag-Ouver-türe", in Leipzig uraufgeführt. Sie ist leider verschollen. Bald darauf schrieb sich Wagner ohne Schulabschluss als Student der Musik an der Universität ein. Zum Leidwesen der Mutter kam es nicht zu einem ernst-haften Studium, wohl aber zu einem ausschweifenden Studentenleben in der schlagenden Verbindung der Landsmannschaft „Saxonia".

Richard Wagner kannte in Leipzig alle wichtigen Leute, die sich mit Musik beschäftigten; so schrieb er in seinen Memoiren: „Ein großartiger Mensch, dieser Schumann, nur schweigt er in einem fort." Robert Schumann im gleichen Zusammenhang: „Wagner hat mir gut gefallen, nur redet er ununterbrochen." 1834

Das Königshaus am Leipziger Markt. Hier lebten Verwandte Richard Wagners, außerdem wurde es vom Adel als Gäste-haus genutzt – August der Starke, Peter der Große, Friedrich der Große und viele andere historische Persönlichkeiten wussten das gediegene Ambiente des kulturgeschichtlich bedeu-tenden Bürgerhauses zu schätzen.

Der Komponist Richard Wagner, Schöpfer der Opern „Der fliegende Holländer", „Der Ring des Nibelungen" und „Parsifal", auf einer Fotografie von Ludwig Angerer, aufgenommen in Berlin um 1850.

verließ Wagner Leipzig, tauchte aber oft besuchsweise auf, zumal seine Schwestern Luise Konstanze und Ottilie Wilhelmine mit Brüdern des bekannten deutschen Buchhändlers, Verlegers und liberalen Politikers Heinrich Brockhaus verheiratet waren. Im Jahr 1849 beteiligte sich Wagner aktiv am Dresdner Maiaufstand gegen die sächsische Monarchie und wurde wie sein Freund, der Architekt Gottfried Semper, von der Polizei steckbrieflich gesucht und musste fliehen. Nach der Aufhebung des Haftbefehls 13 Jahre später reiste Wagner gleich wieder nach Leipzig, um am 1. November 1862 am Gewandhaus das Vorspiel zu den „Meistersingern von Nürnberg" uraufzuführen. Einige Jahre später lernte er den 31 Jahre jüngeren Studenten und Jungphilosophen Friedrich Nietzsche kennen, eine Begegnung, die das Verhältnis der beiden maßgeblich prägen sollte. Nietzsche sagte später: „Mir behagt an Wagner, was mir an Schopenhauer behagt, die ethische Luft, der faustische Duft, Kreuz, Tod und Gruft." Zunächst fühlten sie sich wie verwandte Seelen, dann entwickelte sich Distanz zwischen den beiden Exzentrikern, insbesondere als Wagner auf einem Spaziergang im italienischen Sorrent im Oktober 1876 Nietzsche gestand, dass es mit seinem Atheismus nach seinem letzten Werk „Parsifal" vorbei sei. Er sei zum christlichen Glauben zurückgekehrt und habe die Feier des Abendmahls genossen. Da reagierte der Pfarrerssohn Nietzsche mit beredtem Schweigen, entschuldigte sich unvermittelt und suchte das Weite. Nietzsche selbst notierte 1884 in seinem Nachlass zum Bruch mit Wagner: „Als Richard Wagner mir gar von dem Genusse zu sprechen begann, den er dem christlichen Abendmahle … abzugewinnen wisse, da war es aus mit meiner Geduld. Er war ein großer Schauspieler." 1878 wurde in Leipzig zum ersten Mal außerhalb Bayreuths Wagners Opernzyklus „Der Ring des Nibelungen" aufgeführt. Während Wagner in Dresden gegen die Monarchie auf die Barrikaden ging, suchte er in München ihre Nähe, sicher nicht der einzige Widerspruch in seinem Leben. Auf dem Alten Johannisfriedhof in Leipzig lassen sich heute noch der Grabstein der Lieblingsschwester Rosalie und der Mutter finden. Die Stadt plante immer, ihrem großen Sohn ein Denkmal zu setzen. Der prominente Bildhauer Max Klinger nahm dazu einen letzten Anlauf und entwarf 1913 ein übermannshohes Standbild auf einem weißen Marmorsockel. Der Sockel mit einer Figurengruppe aus Wagners Opern wurde fertig, Wagner nicht. Das Postament, genannt Klingerwürfel, steht am Promenadenring unweit des Richard-Wagner-Platzes. Darauf befindet sich seit 2011 die von Stephan Balkenhol geschaffene Skulptur Wagners mit seinem überlebensgroßen Schatten im Rücken.

Zahlreiche weitere Musiker, die hier ihre Karriere begründeten, zog es nach Leipzig, so zum Beispiel Albert Lortzing, Anton Bruckner, Johannes Brahms, Peter Tschaikowski, Edvard Grieg, Gustav Mahler, Max Reger und Richard Strauss. Wo so viel musikalischer Sachverstand zu Hause war, wurden natürlich auch Musikinstrumente hergestellt. Die von Julius Blüthner 1853 gegründete Pianofortefabrik an der Ecke Friedrich-Ebert/Käthe-Kollwitz-Straße stellte zu Anfang des 20. Jahrhunderts jährlich 5000 Klaviere her. In Europa gab es nichts Vergleichbares: Franz Liszt, Peter Tschaikowski, Claude Debussy und Richard Wagner spielten auf ihnen. 1910 wurde auf der Weltausstellung in

In Leipzig lernen sich 1868 der Philosoph Friedrich Nietzsche und Richard Wagner kennen und werden enge Freunde, bis sie 1876 im Streit auseinandergehen. Auf der Fotografie von Gustav Adolf Schultze aus dem Jahr 1882 schaut Nietzsche nachdenklich drein.

Die seit 1853 in der Musikszene beliebten Flügel der in
Leipzig gegründeten Firma
Blüthner werden heute
hauptsächlich ins Ausland
verkauft. Die Julius Blüthner
Pianofortefabrik hat zahlreiche Zweigstellen und Zen-
tren, so unter anderem in
London, Moskau und Wien.

Brüssel der 55 000. Flügel mit einem Grand Prix ausgezeichnet. Auch nach dem Zweiten Weltkrieg war die
Marke wieder gefragt, besonders im Ausland: Die
Beatles spielten ihr Lied „Let It Be" auf einem Blüthner-
Flügel ein. Die Konkurrenzfirma von Ludwig Hupfeld
stand Blüthner in nichts nach. Durch Fusionen galt
Hupfeld Mitte der 1920er-Jahre als der größte Klavier-
produzent Europas. In Böhlitz-Ehrenberg wurden auf
einer Fläche von 100 000 Quadratmetern bis zu 2000
Arbeiter beschäftigt. Das waren aber bei weitem nicht
die einzigen Hersteller.

Das Gewandhaus

Das Gewandhausorchester ist heute mit etwa 185
Musikern das größte Berufs- und älteste bürgerliche
Konzertorchester weltweit. Es genießt Weltruf und
zeichnet sich durch einen dunklen, romantisch
geprägten Streicherklang aus, der von allen Gewand-
hauskapellmeistern, vor allem aber von Kurt Masur,

immer wieder angestrebt wurde. Kurt Masur leitete das Orchester von 1970 bis 1997, dirigierte es bei über 900 Tournee-Konzerten, gehörte zu den sechs prominenten Leipzigern, die am entscheidenden 9. Oktober 1989, dem Tag der Leipziger Montagsdemonstrationen, den Aufruf „keine Gewalt" verfassten und war erster Ehrenbürger Leipzigs nach der politischen Wende. So gehen in Leipzig Kunst und politisches Verantwortungsbewusstsein Hand in Hand. Die historischen Wurzeln des Gewandhausorchesters reichen bis ins Mittelalter zurück. 1479 stellte der Rat der Stadt für die musikalische Begleitung städtischer Feste, dann auch für Gottesdienste und Theateraufführungen sogenannte Kunstpfeifer, die später auch als Stadtpfeifer bekannt waren, an. 1743 wurde das „Große Konzert" mit 16 Musikern gegründet, das von Leipziger Kaufleuten finanziert wurde. Zunächst wurde in Bürgerhäusern, später wegen des großen Zuspruchs im Gasthof „Zu den drey Schwanen" am Brühl 7, danach auf dem großen Dachboden des Gewandhauses, dem Messehaus für Tuchwarenhändler, musiziert, nach dem das ganze Orchester bis heute seinen Namen hat. 1780 wurde ein neuer, repräsentativer Konzertsaal im zweiten Stockwerk des gleichen Gebäudes eingebaut, für den Adam Friedrich Oeser die Decke bemalte. Am 12. Mai 1789 dirigierte hier erst- und einmalig Wolfgang Amadeus

Das Aquarell des Musikers Felix Mendelssohn Bartholdy zeigt den Bibliotheksflügel des ersten Gewandhauses sowie rechts einen Teil des Konzertsaals in der Universitätsstraße, darunter Noten aus der Oper „Ali Baba". Bartholdy widmete das Kunstwerk der vortrefflichen Sängerin Henriette Grabau, mit der er eng zusammenarbeitete.

Das Gewandhaus in Leipzig hat eine jahrhundertealte Tradition: Zunächst von 1408 bis 1884 am Kupfergäßchen angesiedelt, war es zwischen 1884 bis zur Zerstörung 1944 südlich der Altstadt (Bild um 1900) beheimatet. Nach Plänen von Martin Gropius von Heino Schmieden erbaut, war das imposante Bauwerk das erste Gebäude im gerade entstehenden Musikviertel.

Mozart. An der Stirnseite des Saals stand ein Spruch des römischen Philosophen Seneca, der zum Leitspruch des Orchesters werden sollte: „Res severa (est) verum gaudium" (Wahre Freude ist eine ernste Sache). Das Messehaus der Tuchwarenhändler wurde später in das Städtische Kaufhaus an gleicher Stelle (Neumarkt 9) integriert. Fast alle bekannten europäischen Musiker traten hier auf, nur Ludwig van Beethoven nicht, obwohl er seine gesamten Werke im Leipziger Musikverlag Breitkopf & Härtel drucken ließ. Namhafte Kapellmeister führten das Orchester in die ganze Welt, Felix Mendelssohn Bartholdy war ihr prominentester, Arthur Nikisch, Wilhelm Furtwängler und Franz Konwitschny folgten ihm nach, um nur einige zu nennen. Seit 2005 hat der Italiener Riccardo Chailly diese Position inne.

1868 wurde am Augustusplatz das Neue Theater, 1884 das Neue Gewandhaus zwischen Beethoven- und Mozartstraße eingeweiht. Das Neue Gewandhaus hatte eine stattliche Architektur, die auf Martin Gropius zurückgeht, und war wegen seiner vorzüglichen Akustik weltberühmt. Eine Kopie, wenn auch etwas größer, steht heute noch in Boston. Beide Gebäude am Augustusplatz überstanden den Zweiten Weltkrieg nicht und wurden zu DDR-Zeiten neu aufgebaut, das Neue Opernhaus an der Stelle des Neuen Theaters, das mittlerweile dritte Gewandhaus genau gegenüber. Letzteres wurde 1981 nach vierjähriger Bauzeit mit sechseckigem, knapp 2000 Plätzen fassendem Saal fertiggestellt. Die Akustik in dem ersten und einzigen Konzertneubau der DDR ist hervorragend. Die Orgel hat 6638 Pfeifen und 89 Register.

1977 wurde mit dem Bau des dritten Gewandhauses am Augustusplatz begonnen. Aushängeschild ist das Deckenbild „Gesang vom Leben" des Leipziger Künstlers Sighard Gille. Es erstreckt sich über vier Deckenschrägen und ist die größte zeitgenössische Deckenmalerei Europas. Nachts von Scheinwerfern beleuchtet, strahlt es durch die Glasfront des Hauses auf den Platz hinaus, davor der Mendebrunnen.

Stadt der Kunst

Es ist der Ort der Konzentration und der Inspiration.
Mir wachsen hier die besten Einfälle zu.

Neo Rauch über Leipzig

Leipzig hat bis heute eine rege und vielfältige Kunstszene zu bieten. Bereits 1764 wurde hier eine Akademie für Malerei (Zeichenakademie) in der Pleißenburg gegründet. Ihr erster Rektor war Adam Friedrich Oeser, bei dem Johann Wolfgang von Goethe als Student Zeichenunterricht nahm und ihm Zeit seines Lebens freundschaftlich verbunden blieb. Heute heißt die Akademie Hochschule für Grafik und Buchkunst Leipzig (HGB) und ist eine der ältesten staatlichen Kunsthochschulen in Deutschland. In dem repräsentativen Bau in der Wächterstraße studieren ungefähr 500 Studenten. Die Hochschule ist weit über die Grenzen Deutschlands bekannt und hat erst in den letzten Jahren im Zusammenhang mit der Neuen Leipziger Schule, einer Strömung der modernen Malerei, wieder für Aufsehen gesorgt. Ihr bedeutendster Vertreter ist der Maler Neo Rauch, für den Leipzig „der Ort der Konzentration und der Inspiration [ist…]. Mir wachsen hier die besten Einfälle zu." Rauch studierte in den 1980er-Jahren an der Hochschule, unter anderem bei Bernhard Heisig, war in den 1990er-Jahren Assistent von Arno Rink und leitete danach eine eigene Meisterschülerklasse. Sein Lehrer Heisig hatte zweimal die Funktion des Rektors der Hochschule inne, unterbrochen von einer Zeit, in der er mit der SED wegen ihrer Kulturpolitik über Kreuz lag. 1986 ließ sich Helmut Schmidt für die Galerie im Bundeskanzleramt von Heisig porträtieren. Zusammen mit Werner Tübke und Wolfgang Mattheuer gilt Heisig als bedeutendster Vertreter der Alten Leipziger Schule, einem Malstil der 1970er- bis 1980er-Jahre, die von der Hochschule ihren Ausgang nahm. Sie beschreibt keine spezifische Lehrmethode, sondern ist geprägt von einem Nebeneinander ver-

Der Leipziger Neo Rauch (oben) ist seiner Heimatstadt treu geblieben. Er gilt mit seinen nahezu surrealistischen, leuchtend opaken Bildern als Wegbereiter der Neuen Leipziger Schule. Ein Vertreter der Alten Leipziger Schule war Werner Tübke, der von 1976 bis 1987 das monumentale Bauernkriegspanorama zur Erinnerung an die Schlacht bei Frankenhausen schuf.

Die Baumwollspinnerei Leipzig-Lindenau, hier auf einem Panoramabild von 1909, wurde 1884 gegründet und entwickelte sich schnell zur größten Baumwollspinnerei Kontinentaleuropas. Heute ist auf dem zehn Hektar großen Gelände mit der Kunst neues Leben in die ehemalige Industriebrache eingezogen: Zahlreiche Galerien, Ateliers, Architekturbüros, Modedesigner und Gastronomiebetriebe bieten ein vielfältiges Programm.

schiedener Stilformen mit unverwechselbarer, eigenwilliger Bildsprache, bewusster Gesellschaftsanalyse und hohem künstlerischen Anspruch. Alle drei Maler studierten hier und waren als Hochschullehrer tätig. Spätere Vertreter sind Arno Rink und Sighard Gille. Die Leipziger Schule machte Leipzig zum Zentrum der bildenden Kunst in der DDR und legte den Grundstein für die internationale Reputation der Neuen Leipziger Schule um Neo Rauch, deren Mitglieder Mitte der 1990er-Jahre an der HGB studierten. Ein Zentrum vieler Maler diesen Genres und ihrer Galeristen ist heute die Leipziger Baumwollspinnerei und das Musikviertel. Die Industriebrache der Baumwollspinnerei in der Spinnereistraße 7 im Stadtteil Lindenau ist ein etwa

zehn Hektar großes ehemaliges Werksgelände, in dem früher Textilien und Garne hergestellt wurden. In der näheren Umgebung lagen um die Wende zum 20. Jahrhundert zahlreiche weitere Fabriken, hier schlug das industrielle Herz Leipzigs. Zur besseren Anbindung und Verbesserung der Transportwege wurde 1856 auf Initiative des Leipziger Unternehmers und Stadtverordneten Karl Heine ein separater Schiffskanal von der Saale zur Weißen Elster gebaut, der allerdings nie fertiggestellt wurde. Der Kanal trägt jetzt seinen Namen. Das 1884 gegründete Werk entwickelte sich innerhalb weniger Jahrzehnte zur größten Baumwollspinnerei Kontinentaleuropas und zu einer regelrechten Fabrikstadt mit Produktionsstätten und Arbeiterwohnun-

Das erste Gebäude des Museums der bildenden Künste im Stil der italienischen Renaissance wurde 1858 auf dem Augustusplatz eingeweiht. Nach seiner Zerstörung 1943 fand die Sammlung erst 2004 im gläsernen Neubau an der Katharinenstraße eine neue feste Heimstatt. In der Skulpturensammlung des Museums befindet sich auch die Großplastik „Beethoven" (rechts), die Max Klinger 1902 nach siebzehnjähriger Arbeit geschaffen hat.

gen. 1907 verarbeiteten bis zu 4000 Arbeiter im Dreischichtbetrieb auf 240 000 Spindeln Baumwolle, 1989 immerhin noch 1650. Nach der Wende wurde die Spinnerei geschlossen. Wo einst Garn gesponnen wurde, haben sich heute Designer, Handwerker, Architekten, Gastronomen, Galeristen und rund 100 Künstler angesiedelt. Letztere sind auch die Pioniere dieser Revitalisierung, ihnen behagt die besondere Atmosphäre. Hier trifft man die neue Szene, hier pulsiert das Leben, hier ist die Kunst zu Hause. Nach dem Londoner „Guardian" ist es der „hottest place on earth". Im Gelände findet sich zum Beispiel das angesagte „Café Mule", das schon die „New York Times" empfahl.

Der wirtschaftliche Aufschwung Leipzigs im 19. Jahrhundert trug auch dazu bei, dass ein Kunstmuseum errichtet wurde. Als bürgerlich geprägte Stadt hatte es hier keinen Mäzen und reichen Kunstsammler wie

Der gebürtige Leipziger Bild-
hauer, Maler und Grafiker
Max Klinger war zeit seines
Lebens viel auf Reisen, um
sich Inspirationen für seine
Kunst zu holen.

zum Beispiel den sächsischen Kurfürsten August den Starken, der die Residenzstadt Dresden reich ausgestattet hatte, gegeben. Daher schlossen sich einige kunstinteressierte Leipziger Kaufleute, Verleger, Händler und Bankiers zusammen, um ein Museum zu gründen. Grundstock der Sammlungen waren Schenkungen großer Kunstliebhaber wie zum Beispiel der Unternehmer Maximilian Speck von Sternburg, Alfred Thieme und Adolf Heinrich Schletter. Bereits 1858 konnte das im Stil italienischer Renaissance erbaute Museum der bildenden Künste auf dem Augustusplatz (dem heutigen Standort des Neuen Gewandhauses) eingeweiht werden. 1943 wurde das Gebäude bei einem britischen Luftangriff zerstört, die Bestände waren aber zu einem großen Teil vorher ausgelagert worden. Nach dem Krieg zog die Sammlung zunächst in verschiedene Provisorien, bis sie 2004 in der Katharinenstraße eine neue Heimat fand. Bis heute haben sich viele profilierte Sammler wie Marion Bühler-Brockhaus mit ihrem Mann und Harald Falckenberg aus Hamburg für das Kunstmuseum engagiert und es mit Schenkungen und Stiftungen bedacht.
Im Museum der bildenden Künste befindet sich auch eine größere Sammlung des Bildhauers, Malers und Grafikers Max Klinger, einem der prominentesten Vertreter des Symbolismus, der im Eckhaus Petersstraße/Schloßgasse als Sohn eines Seifenfabrikanten geboren wurde (Klingerhaus) und später als Professor an der obengenannten Hochschule tätig war. Sein bildhauerisches Hauptwerk ist eine überlebensgroße marmorne Plastik von Ludwig van Beethoven auf einem Thron aus Metall, die im Museum der bildenden Künste einen Ehrenplatz besitzt. Dieses Museum

ist zusammen mit dem Bach-Archiv, dem Wohnhaus von Mendelssohn Bartholdy und den Museen für Angewandte Kunst, für Völkerkunde und für Musikinstrumente der Universität ins Blaubuch der Bundesregierung aufgenommen worden. Im Blaubuch sind die 23 bedeutendsten Kulturstätten in den neuen Bundesländern aufgeführt, um sie als Erbe Deutschlands und Europas besonders hervorzuheben und zu schützen. Alle drei letztgenannten Museen sind im Grassimuseum am Johannisplatz zusammengefasst, einem interessanten Gebäudekomplex im lupenreinen Art-Déco-Stil aus den 1920er-Jahren mit vier Innenhöfen. Innerhalb des Grassimuseums liegt auch der Alte Johannisfriedhof, wo unter anderem die Mutter und Schwester von Richard Wagner bestattet sind.

Das Grassimuseum ist ein Gebäudekomplex am Johannisplatz, in dem die Museen für Völkerkunde, für Angewandte Kunst und für Musikinstrumente untergebracht sind. Seinen Namen verdankt es dem Leipziger Kaufmann Franz Dominic Grassi, der der Stadt nach seinem Tod 1880 ein Vermögen hinterließ, mit dem zahlreiche Bauvorhaben realisiert werden konnten.

Leipziger Gaumenfreuden

Wer nach Leipzig zur Messe gereist, ohne auf Auerbachs Hof zu gehen,
der schweigt still, denn das beweist: Er hat Leipzig nicht gesehen.

Alte Leipziger Weisheit

Als sprichwörtlicher „Kaffeesachse" liebt der Leipziger das orientalische Heißgetränk. Nachdem im Siebenjährigen Krieg kursächsische Soldaten ihren preußischen Feinden auf dem Schlachtfeld mit den Worten „ohne Gaffee gönn mer nich gämpfn!" (ohne Kaffee können wir nicht kämpfen) aus dem Wege gegangen waren, soll Friedrich der Große abfällig von den „Kaffeesachsen" gesprochen haben, dieser Begriff blieb haften. Außerdem gilt Sachsen als das Land der Kuchenerfinder. Schon vor 300 Jahren schufen die sächsischen Bäcker süße Leckereien. So ist es nicht verwunderlich, dass die Verse des bekannten Kinderlieds „Backe, backe Kuchen, der Bäcker hat gerufen" hier entsprungen sind. Zu einer guten Tasse Kaffee gehört in Leipzig eben zwingend ein Stück leckerer Kuchen, eben „Gaffee un Guchn". Dabei wird die Kaffeetasse direkt vor sich hingestellt, der Kuchenteller wird rechts daneben

„Richters Kaffeehaus" in der zweiten Etage des Romanushauses an der Ecke Katharinenstraße/Brühl war zu Zeiten Friedrich Schillers im 18. Jahrhundert Treffpunkt eines internationalen Publikums aus Professoren, Schauspielern, Kaufleuten, Komponisten, Dichtern und Malern. Der kleinwüchsige Mann in der Mitte ist eventuell der Philosoph Moses Mendelssohn, der seit seinem dreizehnten Lebensjahr an einer schweren Krümmung seines Rückens litt.

platziert. Die Sachsen sollen überhaupt die Ersten gewesen sein, die Kaffee und Kuchen gemeinsam servierten.

Nicht verwunderlich, dass sich in Leipzig die Tradition der Kaffeehäuser schon früh entwickelte. Das bekannteste und älteste erhaltene Kaffeehaus ist der „Kaffeebaum", der 1556 erstmals erwähnt wurde und ursprünglich „Zum Arabischen Coffe Baum" hieß. Die Leipziger nennen ihn kurz „Boom". Er befindet sich in einem sehenswerten Patrizierhaus in der Kleinen Fleischergasse 4. Gesichert ist, dass hier Johann Christoph Gottsched, Johann Wolfgang von Goethe, Gotthold Ephraim Lessing, Franz Liszt, E.T.A. Hoffmann, Richard Wagner, August Bebel, Wilhelm Liebknecht und Napoleon ein- und ausgegangen sind. Auch Heinz Rühmann, Heinrich George, Johannes Heesters, Hans Albers, Franz Lehár und Herbert von Karajan haben an den blankgescheuerten Tischen gesessen. Die Geschichte des Hauses ist obskur, zumal immer wieder behauptet wird, dass der sächsische Kurfürst August der Starke der damaligen Wirtin die Gaststätte samt bezaubernder Portalplastik für Liebesdienste zum Geschenk gemacht hatte. Die Plastik zeigt einen unter einem Kaffeebaum liegenden Türken, der einem Knaben eine Schale Kaffee reicht, sächsisch: „e Schälchen Heeßen". Die Darstellung symbolisiert die Begegnung des christlichen Abendlandes mit dem islamischen Morgenland. Im Innern der Gaststätte erinnert vieles an ihre große Vergangenheit und ihre Gäste.

Ein Kaffeehaus ganz anderer Art ist das „Kultur-Café Alte Nikolaischule" an gerade jener Stelle gegenüber der Nikolaikirche, wo einst Richard Wagner, Gottfried Wilhelm Leibniz, Christian Thomasius, Johann

Die Portalfigur über dem Eingang des Cafés „Zum Arabischen Coffe Baum" zeigt einen Orientalen mit Turban, der einem Knaben einen Becher Kaffee reicht. Sie symbolisiert die Geschichte des Kaffees als Kulturgeschenk des Orients an die westeuropäische Welt.

Gottfried Seume, Friedrich Gerstäcker und Karl Liebknecht den Rohrstock zu spüren bekamen.

Das „Kaffeehaus Riquet" im Stile eines Wiener Cafés ist in einem wunderschönen Jugendstilhaus an der Ecke Reichsstraße/Schuhmachergäßchen über zwei Etagen untergebracht. Das Kaffeehaus wurde 1909 gegründet und geht auf Jean George Riquet, einen Hugenotten, zurück, der mit Überseeprodukten handelte, insbesondere Kaffee und Tee. Zu den Kunden von „Riquet" gehörte auch Johann Wolfgang von Goethe.

Die zum Markt führende Katharinenstraße war früher ein Kaffeehaus-Eldorado: Sie hat seit 1720 über 30 Adressen mit Kaffeeausschank aufzuweisen. Die bekannteste war die Café-Konditorei „Cather"; das „Kuchenherz Leipzigs". Hier waren neben vielen anderen Johann Wolfgang von Goethe, Friedrich Schiller, Gotthold Ephraim Lessing und Theodor Fontane zu Gast. Christian Fürchtegott Gellert soll in diesem Zusammenhang gesagt haben: „Schulen und Universitäten sind nicht halb so gut wie die schlechtesten Kaffeehäuser." Als Rektor der Universität musste er es wissen! Einige Schritte weiter im ehemaligen Zimmermannschen Kaffeehaus (Katharinenstraße 14) gab Johann Sebastian Bach mit seinem Collegium musicum öffentliche Konzerte. Hier führte er 1734 auch seine Kaffeekantate zum ersten Mal auf.

Besonders gern in den Kaffeehäusern serviert wird die „Leipziger Lerche", zum Beispiel in der Konditorei „Corso" in der Brüderstraße 6. Die Spezialität geht auf die Feldlerche zurück, die im 18. Jahrhundert zu Tausenden in den Leipziger Auen gefangen, gerupft und als kulinarische Köstlichkeit zubereitet wurde. Da der Verzehr zunehmend auf Unverständnis und Protest stieß, verbot der sächsische König 1876 kurzerhand die Lerchenjagd. Findige Leipziger Bäcker entschädigten bald darauf die betrübten Gourmets mit einem nicht minder attraktiven Leckerbissen: Aus ofenfrischem Mürbeteig, Mandeln, Nüssen und Erdbeerkonfitüre als Herzstück formten sie den Vogel nach. Die Kreuzbänder darauf erinnern an die einst zugebundenen gefüllten Lerchen: eine süße Leipziger Gaumenfreude, die sich bestens als Mitbringsel eignet und dazu noch einen wertvollen Beitrag zum Artenschutz leistet. Älter noch als die Lerche ist das „Leipziger Räbchen", das vor mehr als 300 Jahren auf dem Leipziger Kuchenteller seinen Platz hatte und sogar Goethes Gaumen zu erfreuen wusste: mit Marzipan gefüllte Pflaumen, die von Eierkuchenteig umhüllt in Fett gebacken, in Zimtzucker gewälzt und auch heute noch heiß dampfend serviert werden.

Die Liebe der Leipziger zum Süßen und Besonderen hat neben dem Kaffee und der Gebäckkunst auch noch eine ansehnliche Schokoladenseite. Bis Anfang

Eine traditionell sächsische Spezialität sind die „Leipziger Lerchen". Die Lerche galt lange Zeit als Delikatesse, doch mit dem Erstarken der Tierschutzbewegung wurde die Singvogeljagd Ende des 19. Jahrhunderts verboten. Als süße Alternative erfanden die Leipziger Bäcker dieses schmackhafte Gebäck aus Mürbeteig, Mandeln und Marmelade, das bis heute an die alte Tradition erinnert.

des 19. Jahrhunderts galt Schokolade als apotheken-
pflichtiges medizinisches Heil- und Stärkungsmittel,
bis – Leipzig sei Dank – man hier den genüsslichen
Wert der braunen Importbohne erkannte. Heute gibt
es in der Leipziger Innenstadt wieder mehrere kleine
Schokoladen-Manufakturen, die ihre handgemachten
und originellen Schokoladenkreationen anbieten. Mitunter beziehen sich die Naschwerke auch auf Leipziger Persönlichkeiten wie beispielsweise die Bachpfeife
(in Form einer Orgelpfeife zur Erinnerung an den
berühmten Thomaskantor) oder der Goethe-Schoko-
ladentaler (gewidmet dem großen Schokoladenlieb-
haber Goethe). Der Favorit diesbezüglich ist aber analog der Salzburger Mozartkugel der Bachtaler, den der
Konditor René Kandler 1999 zum 250. Todestag von
Johann Sebastian Bach kreierte. Der Kern dieses köstli-
chen Gebäcks besteht aus einer im Haselnussmürbe-
teig eingeschlossenen Kaffeebohne mit Moccanougat,
umhüllt von einer Sahne- und Buttercreme.

Die Leipziger sind wahre Genussmenschen. Nicht
ohne Grund stammt das Wort „Kneipe" aus dem Sächsischen und wurde erstmalig 1717 in einer kursäch-
sischen Verordnung verwendet. Kein Begriff der ober-
sächsischen Mundart hat sich in Deutschland so
durchgesetzt wie dieser. Denn der Kaffeesachse ist
darüber hinaus ein begeisterter Biertrinker, wobei die
Gose, ein obergäriges Weißbier, Leipzigs Bierspezialität ist. In der Stadt gibt es diesbezüglich zwei Restaurants mit hauseigener Gosebrauerei: der liebevoll restaurierte „Bayerische Bahnhof" und die Gosenschänke
„Ohne Bedenken" in der Menckestraße 5 in Gohlis.
Wenn allerdings zu viel Gose getrunken wird, sind
Bedenken durchaus angebracht, zumal das Getränk zu

Im Gasthaus „Bayerischer Bahnhof" (oben) kann nicht nur die Leipziger Gose und der Kümmellikör „Leipziger Allasch" (unten) getrunken werden, der Braumeister bietet auch Führungen durch die Brauerei an.

Durchfall führen kann. Dennoch gilt: „Was unter den Blumen die Rose, ist unter den Bieren die Gose." Mitunter wird der hochprozentige „Leipziger Allasch", ein Kümmellikör, zur Gose getrunken.

Natürlich hat Leipzig auch weitere wundervolle urige Kneipen und gemütliche Gaststätten. Ausgesprochen reizvoll ist insbesondere am Abend der „Drallewatsch". Dieses Kneipenviertel erstreckt sich vis-á-vis vom Alten Rathaus, quer über den Markt entlang des Barfußgäßchens bis zur Fleischer- und der Klostergasse. In diesem Winkel befinden sich über 30 Gaststätten, Bars und Szenekneipen wie „SPIZZ", „100 Wasser", „Bellinis" und „Zigarre". Das ursächsische Wort „Drallewatsch" bedeutet so viel wie „etwas erleben" oder „von Kneipe zu Kneipe ziehen". Aber auch die Gottschedstraße unweit der Thomaskirche und die 2,5 Kilometer lange Karl-Liebknecht-Straße in der Südvorstadt, die die Leipziger liebevoll Karli nennen, verwandeln sich abends und nachts in eine Kneipenmeile. Im Barfußgäßchen befindet sich der traditionelle „Zill's Tunnel"; in dem man typisch sächsische Küche genießen kann, zum Beispiel das Leipziger Allerlei. Die wohl bekannteste Spezialität aus der Sachsenstadt ist ein Hauptgericht aus einer Mischung von verschiedenen Frühlingsgemüsesorten. Im 19. Jahrhundert erlangte das Allerlei aus Möhren, Kohlrabi, Erbsen, Spargel, Blumenkohl, Morcheln, Krebsschwänzen sowie Semmelklößchen und Muskatblüte überregionale Bekanntheit. Das Rezept wurde allerdings bereits 1745 in einem handschriftlich verfassten Kochbuch festgehalten. Die Zutaten dazu stellt Mutter Natur den Leipzigern reichlich und kostengünstig zur Verfügung: In den Flussarmen der Pleiße wimmelt es von Krebsen, und der angrenzende Auwald ist reich an Pilzen. Der Name der Kneipe „Zill's Tunnel" geht auf den Wirt des 19. Jahrhunderts zurück, die Gaststätte ist aber älter. Es ist der letzte klassische Biertunnel in Leipzig, den man an einem Ende betritt, im Tunnel trinkt und zum anderen Ende wieder verlässt. Berühmter Gast war zum Beispiel der Opernkomponist Viktor Nessler, dessen Werk „Der Trompeter von Säckingen" wohl sein bekanntestes ist. Aber die Kneipe ist auch ein Ort der deutschen Volksmusik: Einer Legende nach wurde hier das Lied „Das Wandern ist des Müllers Lust" zum ersten Mal gesungen. Sowohl der Dichter und Wanderfreund Wilhelm Müller als auch der Chordirigent und Komponist Carl Friedrich Zöllner, der gleich um die Ecke wohnte und dessen Denkmal sich im Leipziger Rosental befindet, gingen hier ein und aus. Dieses Lied passt zu den agilen und unternehmungslustigen Sachsen wie kein zweites.

„Auerbachs Keller" war schon im 16. Jahrhundert als Weinlokal beliebt, weltweit bekannt machte es aber erst Johann Wolfgang von Goethe, der hier einen großen Teil jenes Geldes verprasste, das sein Vater ihm für sein Jurastudium in Leipzig überlassen hatte. Doch diesen Saufgelagen verdankte der Dichter wohl auch so manche Inspiration für seinen „Faust". Der Holzstich zeigt eine illustre Herrengesellschaft im Jahr 1875.

Das bekannteste Restaurant und das Maß aller Dinge ist nach wie vor „Auerbachs Keller", in dem bereits Johann Wolfgang von Goethe zechte und so manche Vision hatte. Der Gründer dieses Gasthauses war Dr. med. et. phil. Heinrich Stromer, nach seinem Geburtsort in der Oberpfalz kurz Dr. Auerbach genannt. Er studierte in Leipzig, war später Ratsherr, Arzt, Wissenschaftler und Rektor der Universität. Ein Tausendsassa. 1529 kaufte er ein größeres Areal direkt im Zentrum der Stadt unweit des Markts mit einem Weinkeller, der bereits mindestens seit 1438 bestand. Dieser hieß ab sofort „Auerbachs Keller" und war nicht minder erfolgreich als sein prominenter Besitzer: Bei Auerbach kehrten alle ein, aßen und tranken nach Herzenslust bis zum Abwinken. Ein unterirdischer Gang mündete auf dem Universitätsgelände, um bezechte Professoren auf

dem Heimweg vor neugierigen Blicken zu schützen. Studenten nahmen den regulären Ausgang. Einer Sage nach kam der weit gereiste und weise Magier Doktor Johann Faust zur Ostermesse nach Leipzig und stieg in Auerbachs Hof ab, wo wieder einmal geschäftiges Treiben herrschte. Er stolzierte aufgeputzt mit einem herrlichen Pelz und mit wehenden Hutfedern umher. An seiner Seite war sein dienstbarer Geist, Mephistopheles. Er trug einen roten, mit Gold verzierten Anzug. Ein leichter Mantel aus Seide fiel ihm lässig über die Schulter, eine rote Hahnenfeder nickte vom Hut, an der Seite hing ein langer spitzer Degen. Beide fielen auf, wer sie sah, erschrak. Der Rote hinkte und stank übel nach Schwefel und stechendem Pech. Beide gingen in den Weinkeller und zechten zusammen mit Studenten. Mephistopheles bohrte Löcher in den Tisch und ließ

Die Geschichte von Doktor Johann Faust, der sich auf einen Pakt mit dem Teufel Mephistopheles einlässt, taucht in der europäischen Literatur schon im 16. Jahrhundert auf. Zu Weltruhm führte die Sage Johann Wolfgang von Goethe mit seinem „Faust", plastisch illustriert auf diesen beiden Holzstichen aus dem 19. Jahrhundert: links die zechenden Studenten, rechts Fausts kühner Ritt auf dem Weinfass.

daraus Wein allerbester Güte fließen. Der Alkohol floss in Strömen und benebelte die Sinne. Einer der Studenten verschüttete den Wein auf die Erde, da schlug eine Flamme aus dem Boden. Der Student zog vor Schreck und im Rausch den Degen. Der Konflikt eskalierte, es kam zum Streit. Der Gastwirt wollte das große Weinfass demjenigen schenken, der es ans Tageslicht bringt, ein unmögliches Unterfangen. Aber Faust setzte sich auf das Fass wie auf ein Pferd und ritt im wahrsten Sinne des Wortes vom Teufel besessen und zum Entsetzen der Studenten ins Freie. Mephistopheles verwandelte sich flugs in ein Hündchen und lief dem Reiter auf dem Fass voraus. Beide wurden in Leipzig nie wieder gesehen. Goethe kannte diese Geschichte und er kannte „Auerbachs Keller", wo er selbst unzählige Male becherte und auf den er in vielen Briefen Bezug nahm. Er setzte dieser Geschichte und „Auerbachs Keller" im „Faust" ein wahres Denkmal. Weltliteratur! Heute ist der Keller die prominenteste Gaststätte der Stadt. Eine amerikanische Studie nennt sie an fünfter Stelle der bekanntesten Restaurants der Welt. Alle wollen „Auerbachs Keller" besuchen, alle wollen das Fass sehen, auf dem Faust geritten ist. Die heutige Gaststätte befindet sich in der Grimmaischen Straße 2 unterhalb der Mädler-Passage.

Andere alte Gaststätten sind der 1419 erstmals urkundlich erwähnte „Burgkeller" am Naschmarkt, der somit das älteste Wirtshaus Leipzigs ist, und der seit 1466 bestehende „Thüringer Hof" in der Burgstraße. Letzterer galt 1890 mit 1200 Sitzplätzen als sächsisches Pendant zum Münchner Hofbräuhaus, wurde aber im Krieg völlig zerstört und erst nach der Wende wiederaufgebaut, allerdings nicht in dieser Größe.

Und noch ein kulinarisches Erlebnis der besonderen Art: In der 27. Etage des 96 Meter hohen Hotels „The Westin Leipzig" in der Gerberstraße 15 unmittelbar am Bahnhof befindet sich heute das Edelrestaurant „Falco" des Gourmet-Kochs Peter Maria Schnurr. Es ist das erste Zwei-Sterne-Restaurant in den neuen Bundesländern. Den Namen verdankt das „Falco" einem Falkenpärchen, das seinen Horst in der gleichen Etage hat.

Das Herzstück von „Auerbachs Keller" ist der historische Fasskeller, in dem man heute in einer stimmungsvollen Zeremonie mit dem Kellermeister oder dem Leibhaftigen selbst den sagenumwobenen Verjüngungstrank genießen und Geschichte atmen kann. Über allem schwebt dabei der geschnitzte Hängeleuchter „Walpurgisnacht" mit dem fassreitenden Faust, den Max Stolz aus Starnberg 1913 aus einem einzigen Baumstamm fertigte.

Der sächsische Dialekt

Jetzt mach mer's uns scheen gemiedlich.

Leipziger Mundart

Das Sächsische ist heutzutage der unbeliebteste, ja sogar verachtetste Dialekt schlechthin. Doch das war nicht immer so: Im Mittelalter florierte die mitteldeutsche Region und die Bildung einer einheitlichen Verkehrssprache wurde in Gang gesetzt, um nicht nur den materiellen, sondern auch den sprachlichen Austausch zwischen Ansässigen und Vorbeiziehenden zu ermöglichen. Diese Sprache, die sogenannte sächsische Kanzleisprache, wurde im Spätmittelalter in weiten Teilen des Heiligen Römischen Reiches verstanden. Auch Martin Luther griff sie in der ersten Hälfte des 16. Jahrhunderts in seiner Bibelübersetzung auf und formte sie weiter, indem er volksnahe Formulierungen und Begriffe hinzufügte. Diese Bibelsprache erfuhr durch den Buchdruck weite Verbreitung und galt nachfolgenden Schriftstellern und Grammatikern als sprachliches Vorbild. Selbst das Kurfürstentum Sachsen, das im frühen 18. Jahrhundert zu seiner wirtschaftlichen, politischen und kulturellen Hochblüte emporstieg, verstand sich als Garant für das beste und reinste Deutsch seiner Zeit. Wer sich gebildet und fortschrittlich zeigen wollte, der nahm sich die kursächsische Mundart zum Vorbild. Unter dieser Prämisse kam auch Johann Wolfgang von Goethe zum Jurastudium nach Leipzig.

Erst mit der Niederlage Sachsens im Siebenjährigen Krieg 1763 und dem daraus resultierenden Machtverlust wandelte sich das sprachliche und kulturelle Selbstwertgefühl der Sachsen. Die kulturelle Vorbildwirkung übernahm von nun an die Siegermacht Preußen. Die sächsische Aussprache erfuhr eine regelrechte Abwertung und erhielt im deutschsprachigen Raum das Prädikat hässlich, um nicht zu sagen lasterhaft.

Eine kleine Kostprobe von Lene Voigts heiterer Dialektdichtung zu einem Lieblingsthema der Sachsen, dem Kaffee:

„Dr Gaffee is fier alles gut",/ Belehrte mich Frau Grassen,/ „'s gibbt nischt, wo där nich hälfen dut,/Se genn sich druff verlassen./Bei galten Fießen, Liewesweh,/Bei Gobbschmärz un bei Reißen,/Da is ä Schlickchen Bohngaffee/Nich hoch genug zu breisen …"

Aus dieser Stigmatisierung begann gegen Ende des 19. Jahrhunderts die Mundartliteratur Kapital zu schlagen. Ein neuer Umgang mit dem Negativprestige sowie eine gewisse Aufarbeitung des verlorenen Selbstwertes begann. Der gebürtige Leipziger Edwin Bormann war ein solcher Mundartdichter und prägte den Ausspruch „Jedem Tierchen sein Pläsierchen". Weitere Leipziger Mundart-Dichterfürsten waren Georg Bötticher, der Vater von Joachim Ringelnatz, und Hans Reimann. Die wohl bekannteste war aber Lene Voigt. Sie übertrug zahlreiche klassische Gedichte und Balladen wie beispielsweise Schillers „Handschuh" oder Goethes „Erlkönig" ins Sächsische und setzte durch die veränderte Sprache andere Akzente mit intelligentem Witz. Sie charakterisierte den Sachsen weitläufig als „heeflich, helle und heemticksch" (höflich, klug und heimtückisch). Um ihr Lebenswerk zu würdigen, wurde im Leipziger Osten ein Park nach ihr benannt.

Trotz der heiteren Haltung der Leipziger Mundartdichter zu ihrem Werk blieb die negative Außenwirkung des Dialektes über die Jahre erhalten. Ein Zeitgenosse Lene Voigts, der Staatsratsvorsitzende der DDR Walter Ulbricht, hatte bereits Bedeutendes mundartlich prophezeit: „Dr Sozialismus wird siechen" (Der Sozialismus wird siegen). Im Arbeiter- und Bauernstaat waren viele aus der politischen Elite sächsische Mundartsprecher. Das Sächsische war die Sprache der DDR. Mit den Vorbehalten gegenüber dem Staatssystem ging der Argwohn gegen die Sprache einher. Dennoch: Heute ist der Sachse wieder stolz auf seinen Dialekt und seine Heimat. Seit 2008 gibt es gar eine Initiative zur Rettung des sächsischen Wortschatzes und zur Pflege des Dialekts. Jährlich werden drei Dialektwörter gekürt, wie etwa „Hitsche" (Fußbank), „lawede" (instabil) oder „didschen" (Lebensmittel in ein Getränk tunken).

Was den Wortschatz und die Grammatik angeht, so ist das Sächsische dem Hochdeutschen geschichtsbedingt recht nah. Die bedeutendsten Abweichungen von der Standardsprache lassen sich in einigen Punkten aufzählen: Das auffälligste Dialektmerkmal ist die Weichheit durch das Austauschen harter Konsonanten k, t, p durch weiche g, d, b. Es heißt also auf Sächsisch nicht „kaputt", sondern „gabudd". Auch die höhere Tonlage, die von Fremden oft als „Singsang" wahrgenommen wird, bringt eine Weichheit mit sich. Ein weiteres wichtiges Kennzeichen des Sächsischen ist trotz der dem Sachsen nachgesagten Redseligkeit die Mundfaulheit. In der Tat verkürzt der Sachse einzelne Worte, um mit weniger Aufwand und einer gewissen Zeitersparnis mehr sagen zu können: „haben wir" wird zu „hammer" und „sind wir" wird auf diese Art zu „simmer". Hinzu kommt, dass die Vokale mit weniger Lippenaufwand gebildet werden, so hat das A meist die Tendenz, ein O zu werden (Orbeit) und das Ü säuselt sich zu einem I (hibsch). Der Sachse unterscheidet darüber hinaus nicht zwischen „CH" und „SCH". Wenn ein Leipzig-Besucher also das Wort „DISCH" vernimmt, so kann es „Tisch" oder „dich" bedeuten. Lassen Sie sich nicht abschrecken von etwaigen fremdartigen Geräuschen oder zweideutigen Äußerungen, genießen Sie vielmehr die wohl gesonnenen und kommunikationsfreudigen Gemüter der „Leibzscher".

Die sächsischen Mundartdichtungen von Lene Voigt, die unter anderem für den Insel Verlag als kaufmännische Angestellte arbeitete, waren vor allem in den 1920er- und 1930er-Jahren bekannt und beliebt. Nach 1933 wurde ihr immer häufiger „Verschandelung" des deutschen Kulturgutes vorgeworfen, sächsisch galt als „unheldisch", ab 1936 durften ihre Werke nicht mehr publiziert werden – wohl auch, weil sie politisch den Linken nahestand. Ihr zu Ehren wurde am Leipziger Kabarett „academixer" dieses Bronzerelief angebracht.

Die Auen- und Seenlandschaft in und um Leipzig

Die Leipziger Gärten sind so prächtig,
als ich in meinem Leben etwas gesehen habe …

Johann Wolfgang von Goethe

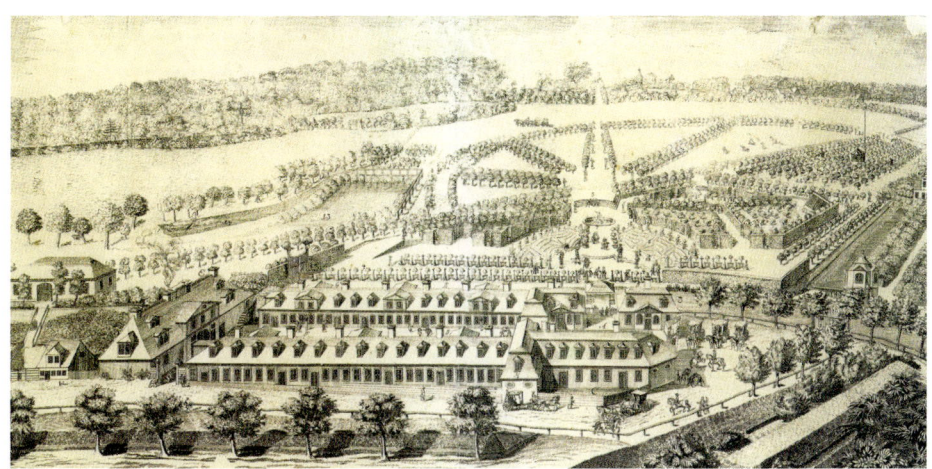

Leipzig ist die drittgrünste Stadt Deutschlands. Bereits im 17. und 18. Jahrhundert hatten sich reiche Leipziger Kaufleute vor der Stadtmauer nach dem Vorbild des französischen Adels Barockgärten anlegen lassen. Diese waren von ausgesprochener Pracht und machten Leipzig zur führenden Stadt der bürgerlichen Gartenkunst in Europa, sodass sich Goethe zu der folgenden Bemerkung hinreißen ließ: „Die Leipziger Gärten sind so prächtig, als ich in meinem Leben etwas gesehen habe …." Dies galt im Besonderen für Apels Garten zwischen der Pleißenburg und der Westvorstadt. Der zu Geld und Einfluss gekommene Leipziger Großkaufmann Andreas Dietrich Apel brachte es so weit, dass sogar der sächsische Kurfürst August der Starke bei ihm einkehrte. Er war von Apels Gattin Dorothea Elisabeth derart angetan, dass er den Garten gleich durch Schenkung vergrößerte. Ein Schelm, wer Böses dabei denkt.

Als 1777 die mittlerweile überflüssig gewordenen Befestigungsanlagen abgerissen wurden, verwandelte sich die

Der Barockgarten von Andreas Dietrich Apel war Anfang des 18. Jahrhunderts weit über die Stadtgrenzen von Leipzig hinaus bekannt. Der gut betuchte Kaufmann ließ nicht nur seine Manufakturen und Werkstätten (im Vordergrund) in den fächerförmig angelegten Garten integrieren, sondern sorgte auch dafür, dass seine Arbeiter Zugang zum Park hatten – in jener Zeit nicht selbstverständlich, da die einfache Bevölkerung in den Prachtgärten normalerweise nicht erwünscht war.

Leipzig wird von zahlreichen Kanälen und Gewässern durchzogen, auf denen man heute Kanu- und Paddeltouren genießen kann – zum Beispiel im Stadtteil Plagwitz auf der Weißen Elster vorbei an den ehemaligen Buntgarnwerken, die mit ihren 100 000 Quadratmetern Brutto-Geschossfläche Europas größtes Industriedenkmal aus der Gründerzeit darstellen.

frei werdende Fläche zum grünen Promenadenring rund um den nur knapp einen Quadratkilometer großen Stadtkern. Der Park inmitten der Stadt, der zum Teil auch die alten Bürgergärten mit einbezog, bildete den ältesten städtischen Landschaftspark Deutschlands. Er war im englischen Landschaftsstil gestaltet, beinhaltete zahlreiche Denkmäler und hatte fast eine kreisrunde Form. Die einzigen Relikte der alten Stadtbefestigung sind heute die Reste des Stadtgrabens, die den Schwanenteich hinter der Oper bilden, und die Moritzbastei zwischen Gewandhaus und City-Hochhaus.

In und um Leipzig bilden die drei Flüsse Weiße Elster, Pleiße und Luppe einen regelrechten Gewässerknoten, eine Art Binnendelta mit zahlreichen Flussläufen. Ihr ehemaliges Überschwemmungsgebiet hat fruchtbare Böden entstehen lassen. Zu DDR-Zeiten ist ein Teil der Seitenarme und Kanäle auch wegen des Gestanks, der von ihnen durch die Einleitung von Industrieabfällen ausging, überbaut worden, wird aber heute Stück für Stück wieder aufgeschlossen, zum Beispiel der Pleiße- und Elstermühlgraben. Dieses Gebiet wurde zur

Rund um Leipzig gibt es zahlreiche Seen zum Segeln, Baden und Genießen. Der Auensee im Nordwesten von Leipzig entstand 1909 aus einer Kiesgrube, die Material für den im Bau befindlichen Hauptbahnhof lieferte. Eine Attraktion des heutigen Naherholungsgebietes ist die Parkeisenbahn. Mit ihr kann man durch bewaldete Strecken rund um den idyllischen See fahren. Wer nach einem Spaziergang eine Rast einlegen möchte, kann sich im Haus Auensee stärken, in dem auch ab und zu Konzerte stattfinden.

Grundlage des Leipziger Auwaldes, der zu den größten zusammenhängenden erhaltenen Auwäldern in Mitteleuropa zählt und sich ungeachtet der vielfältigen menschlichen Eingriffe und der Nähe zur Großstadt seinen ausgesprochen naturnahen Charakter bewahrt hat. Er zieht sich von Norden nach Süden durch die Stadt, geht zum Teil in Parks und Grünanlagen über (Clara-Zetkin-Park, Rosenthal) und schließt Seen (Auensee) und die zum Hochwasserschutz angelegten Gewässer Elsterbecken und Elsterflutbett mit ein. Seine Ausdehnung beträgt gut 30 Kilometer, seine Breite bis zu fünf Kilometer und er bedeckt eine Fläche von 2500 Hektar. Heute ist der Auwald ein Landschaftsschutzgebiet, in dem zusätzlich Naturschutzgebiete mit einzigartiger Flora und Fauna ausgewiesen sind. Im Mai und Juni riecht das ganze Revier knoblauchartig nach der Blüte des Bärlauchs. Auch heute noch ist es sehr attraktiv, mit dem Boot die Stadt vom Wasser aus zu erkunden.

In einem Teil des Auwaldes wurde 1878 nordwestlich der Innenstadt der Leipziger Zoo gegründet. Er ist heute einer der ältesten und artenreichsten Europas und umfasst mittlerweile 26 Hektar. Besonders sehenswert ist die weltgrößte Menschenaffenanlage „Pongoland", die beeindruckende Löwensavanne „Makasi Simba" und die einzigartige Tropenerlebniswelt „Gondwanaland". In direkter Nachbarschaft zum Auwald liegt das 1756 errichtete Gohliser Schlösschen, das als Kleinod der sächsischen Kulturgeschichte gilt und durch einen wunderschönen Rokoko-Stil besticht.

Südlich von Leipzig wurden seit 1900 wesentliche Teile des Auwaldes zugunsten großer Braunkohletagebaue und der damit zusammenhängenden Grundwasserabsenkung zerstört. Unter dem Stadtgebiet liegen in etwa 100 Metern Tiefe über eine Milliarde Tonnen Braunkohle. Mit der Rekultivierung und Renaturierung der ehemaligen Tagebaue, ihrer Flutung nach der deutschen Wiedervereinigung und der Schaffung des Leipziger Neuseenlandes wurde dieser Trend gestoppt. Diese neu entstehende Seenplatte erstreckt sich rund um die Stadt und soll später einmal 18 Seen mit einer Wasserfläche von etwa 70 Quadratkilometer einnehmen, als Hochwasserschutz dienen und touristisch mit hohem Freizeit- und Erholungswert genutzt werden. Bereits heute bietet der Cospudener See einen Sandstrand für Sonnenhungrige, gut ausgebaute Fahrradwege, einen Hafen für Segelboote, Anlegestellen und Ausflugsdampfer. Seit 2012 gibt es auch eine Kanalverbindung für Paddelboote direkt vom nur sechs Kilometer entfernten Zentrum Leipzigs zum See.

Eine grüne Lunge der besonderen Art stellen die Schrebergärten von Leipzig dar: Die rund 32 500 Parzellen nehmen mit 1240 Hektar etwa 30 Prozent der Fläche des Stadtgrüns ein, sodass Leipzig durchaus als

die heimliche Hauptstadt der Kleingärtner gelten kann – nicht zuletzt weil sich hier im Vereinshaus des weltweit ersten Schrebervereins, der 1864 vom Leipziger Schuldirektor und Reformpädagogen Ernst Innozenz Hauschild gegründet wurde, das Deutsche Kleingärtnermuseum befindet. Der Namensgeber der Gärten, der Leipziger Arzt und Hochschullehrer Moritz Schreber, beschäftigte sich in seinen wissenschaftlichen Schriften vor allem mit der Gesundheit der Kinder und den sozialen Folgen des Stadtlebens zu Beginn der Industrialisierung.

Das Deutsche Kleingärtnermuseum im Vereinshaus des weltweit ersten Schrebervereins zeigt die Entwicklung des Kleingartenwesens vom 19. bis zum 21. Jahrhundert. Neben einem Museumsgarten mit einer der ältesten Gartenlauben Deutschlands und einem Kinderspielplatz mit historischen Spielgeräten sorgt die Gaststätte „Schreber's Restaurant und Biergarten" für das leibliche Wohl der Gäste.

Leipziger Allerlei – Informationen von A–Z

Im Folgenden geben wir Ihnen einige ganz persönliche Tipps für einen entspannten und erholsamen Aufenthalt in Leipzig. Die von uns empfohlenen Orte und Adressen sind nach bestem Wissen und Gewissen ausgesucht, und wir erheben keinerlei Anspruch auf Vollständigkeit. Wir können auch keine Garantie dafür übernehmen, dass es dort immer so ist, wie wir es erlebt und empfunden haben. Also: Alles ohne Gewähr.

www.leipzig.de
Offizielle Seite Leipzigs für Einwohner, Touristen und Unternehmen. Hier finden Interessierte Infos zu allen relevanten Themen rund um die Stadt.

www.leipzig-lese.de
Kultur-Blog des Bertuch-Verlags, in dem Kulturwissenschaftler und Hobby-Historiker regelmäßig interessante Artikel über besondere Orte, Personen und Ereignisse aus Leipzigs Vergangenheit und Gegenwart veröffentlichen. Ein Kompendium und Stadtführer für Liebhaber von Kultur, Literatur und Geschichte.

www.verborgenes-leipzig.de
Die Seite gibt Tipps abseits bekannter Wege: versteckte Spezialitätenrestaurants und Parkschönheiten, Konzerthallen und Lieblingsgeschäfte, Kunstgalerien und freie Theater. Sie berichtet über Straßenzüge, in denen das Leben tobt und nennt Orte der Kreativität und Innovationsfreude.

Tourist-Information Leipzig
Katharinenstraße 8, 04109 Leipzig, Tel. 0341 7104260
www.leipzig.travel
Hier bekommen Leipzig-Besucher auch vor Ort Infomaterial, Stadtpläne, Beratung, Insider-Tipps, Leipzig-Souvenirs, Informationen zu Reiseangeboten für Einzel- und Gruppenreisende und die LEIPZIG CARD, mit der man freie Fahrt auf allen Linien hat und von Preisvorteilen bis zu 50 Prozent profitiert.

Besonderer Tipp

Leipziger Notenspur

www.notenspur-leipzig.de

Die Leipziger Notenspur-Initiative hat es sich zur Aufgabe gemacht, die vielfältige Musiktradition Leipzigs mit der Stadt selbst zu verknüpfen: Zwei Stadtrundgänge und eine Radtour verbinden die wichtigsten Wohn- und Schaffensstätten berühmter Leipziger Komponisten und musikgeschichtlich interessante Orte miteinander. Dabei können Sie sich an den einzelnen Stationen über das Internet oder per Telefon sorgfältig ausgewählte Hörszenen und Musikbeispiele anhören – auch Kinder finden hier interessante Anknüpfungspunkte, um spielerisch in klassische Musik hineinzufinden.

Kirchen

Nikolaikirche

Nikolaikirchhof 3, 04109 Leipzig, Tel. 0341 1245380

www.nikolaikirche.de

St. Nikolai ist die älteste und größte Kirche Leipzigs und wurde um 1165 im romanischen Stil erbaut. Im 15. und 16. Jahrhundert vollständig umgebaut zur dreischiffigen spätgotischen Hallenkirche, ist der Innenraum seit einem Umbau Ende des 18. Jahrhunderts klassizistisch geprägt. Die regelmäßigen Montagsgebete der Nikolaikirche waren zentraler Ausgangspunkt für die Montagsdemonstrationen im Herbst 1989, die zur Maueröffnung 1989 und schließlich zur Wiedervereinigung von Ost- und Westdeutschland führen sollten.

Propstei St. Trinitatis Leipzig

Nonnenmühlgasse 2, 04107 Leipzig, Tel. 0341 9800635
www.propstei-leipzig.de
Der erste katholische Kirchenneubau in Leipzig nach
der Reformation aus dem Jahr 1847 wurde 1943 bei
einem Bombenangriff schwer beschädigt. Im Winter
1954 wurden ihre Reste gesprengt, um einem größeren Neubau an selber Stelle zu weichen. Die Genehmi-
gung hierfür wurde aber 1958 endgültig abgelehnt
und das Gelände nahe der Pleißenburg wurde
begrünt. Erst 1982 wurde im nördlichen Leipziger
Auwald eine neue Trinitatiskirche erbaut, die aber
schon nach 20 Jahren schwere Baumängel aufwies.
Daher legte die katholische Gemeinde 2013 den
Grundstein für eine Neue Propsteikirche in Sichtweite
des alten Standorts, die 2015 eingeweiht wurde.

Russische Gedächtniskirche

Philipp-Rosenthal-Straße 51 A, 04103 Leipzig,
Tel. 0341 8781453
www.russische-kirche-l.de
Der offizielle Name des Gotteshaus lautet: „St. Alexei
Gedächtniskirche zur Russischen Ehre" – benannt nach
Alexei, dem einzigen Sohn von Zar Nikolaus II., zum
Gedenken an die mehr als 22 000 russischen Soldaten,
die in der Völkerschlacht bei Leipzig gefallen sind.
Sie wurde 1912/1913 vom Architekten Wladimir
A. Pokrowski im Nowgoroder Stil erbaut und am
17. Oktober 1913 zur Hundertjahrfeier der Schlacht
eingeweiht. Der 55 Meter hohe, sechzehnseitige Turm
trägt eine goldene Zwiebelkuppel. Im Innern sind eine
18 Meter hohe Ikonenwand, ein großer Bronzeleuchter
sowie original erhaltene Standarten (Reiterfahnen) von

1813 zu bestaunen. Zu bestimmten Terminen finden außerhalb der Öffnungszeiten Gottesdienste für die Gläubigen statt. Die orthodoxe Kirche lädt außerdem einmal im Jahr zur Besichtigung der Gruft ein.

Thomaskirche

Thomaskirchhof 18, 04109 Leipzig, Tel. 0341 222240
www.thomaskirche.org
Eines der beiden zentralen Gotteshäuser in der Leipziger Innenstadt: Ort der Musik, Heimat des Thomanerchores und letzte Ruhestätte des großen Thomaskantors Johann Sebastian Bach. Heute kommen Menschen aus aller Welt hierher, um einen Gottesdienst, eine Motette mit dem Thomanerchor und dem Gewandhausorchester oder Konzerte und Orgelmusik zu erleben. Der 68 Meter hohe Glockenturm der auf das 13. Jahrhundert zurückgehenden Thomaskirche ist ein Wahrzeichen der Stadt. Zwischen 1492 und 1496 erhielt sie die Gestalt einer spätgotischen Hallenkirche. Martin Luther predigte hier am 25. Mai 1539 zur Einführung der Reformation.

Museen

Ägyptisches Museum Georg Steindorff der Universität Leipzig

Goethestraße 2, 04109 Leipzig, Tel. 0341 9737015
www.gko.uni-leipzig.de/aegyptisches-museum
Das Ägyptische Museum der Universität Leipzig umfasst eine Sammlung von circa 7000 Fundstücken aus mehreren Jahrtausenden, von der Altsteinzeit und den vordynastischen Kulturen über alle Perioden des pharaonischen Ägypten bis hin zur griechisch-römi-

schen und der frühen islamischen Zeit. Seit Juni 2010 befindet sich das Ägyptische Museum, benannt nach seinem bedeutendsten Direktor Georg Steindorff, im Krochhochhaus, in vielerlei Hinsicht ein schöner und interessanter Rahmen: Die altägyptischen Objekte stehen in den Räumen einer Bank der 1920er-Jahre. Antike sowie europäische und moderne deutsche Geschichte treffen hier unmittelbar aufeinander.

Bach-Museum
Thomaskirchhof 15–16, 04109 Leipzig,
Tel. 0341 9137202
www.bachmuseumleipzig.de
In zwölf thematisch gegliederten Ausstellungsräumen berichtet das Bach-Museum im Bosehaus über Leben und Wirken des Komponisten Johann Sebastian Bach, der von 1723 bis 1750 Thomaskantor in Leipzig war. Fast überall können die Besucher aktiv werden: Ein großer Touchscreen lädt ein, das Haus spielerisch kennenzulernen. Im Forschungslabor kann man Bach-Werke datieren. Klingende „Orgelpfeifen" eröffnen den faszinierenden Kosmos seiner Orgelmusik, und im virtuellen Orchester können die Besucher eine Entdeckungsreise durch das barocke Instrumentarium unternehmen. Zu den interessantesten Ausstellungsstücken zählen ein Orgelspieltisch, an dem Bach 1743 selbst gespielt hat, und das einzige Möbelstück, das sich aus seinem Haushalt erhalten hat: Die eiserne Geldkassette, deren Inhalt durch ein aufwendiges Schloss mit elf Riegeln gesichert war, wurde erst 2009 identifiziert. Ebenfalls in diesem Gebäude beheimatet ist das 1950 gegründete Bach-Archiv, das weltweit hohe wissenschaftliche Reputation genießt.

Deutsches Buch- und Schriftmuseum in der Nationalbibliothek

Deutscher Platz 1, 04103 Leipzig, Tel. 0341 2271324

www.dnb.de/dbsm

Die Sammlung, Ausstellung und wissenschaftliche Bearbeitung buch- und mediengeschichtlicher Zeugnisse ist die Aufgabe des Deutschen Buch- und Schriftmuseums. 1884 als Deutsches Buchgewerbemuseum in Leipzig gegründet und nach dem kriegsbedingten Verlust von Teilbeständen und Gebäude 1950 in die Deutsche Bücherei integriert, gilt es als das weltweit älteste und nach Umfang und Qualität der Bestände als eines der bedeutendsten Museen auf dem Gebiet der Buchkultur. Im vierten Erweiterungsbau der Deutschen Nationalbibliothek in Leipzig hat für das Deutsche Buch- und Schriftmuseum eine neue Ära begonnen. Klimatisierte Depots, erweiterte Arbeitsflächen und großzügige öffentliche Bereiche bieten optimale Bedingungen für die Langzeitbewahrung und Nutzung des Bestandes.

Grassi-Museumskomplex

Johannisplatz 5–11, 04103 Leipzig, Tel. 0341 2229100

www.grassimuseum.de

Der Grassi-Museumskomplex beherbergt das Museum für Angewandte Kunst, das Museum für Völkerkunde und das Museum für Musikinstrumente. Der Name des Grassimuseums leitet sich von Franz Dominic Grassi, einem Leipziger Kaufmann italienischer Herkunft, ab. Nach seinem Tod 1880 vererbte er der Stadt ein Vermögen von mehr als zwei Millionen Mark, von dem zahlreiche Bauvorhaben realisiert wurden. Das heutige Grassimuseum wurde in den Jahren 1925 bis

1929 nach Plänen der Architekten Zweck und Voigt unter der Oberbauleitung von Stadtbaurat Hubert Ritter erbaut. Mit seinen Innenhöfen und dem angrenzenden parkähnlichen Alten Johannisfriedhof stellt das Areal einen einzigartigen kulturellen Anziehungspunkt und zugleich einen Ort der Ruhe und Entspannung am östlichen Rand der Innenstadt dar.

Kaffee-Museum
Siehe „Zum Arabischen Coffe Baum" auf Seite 214

Mendelssohn-Haus
Goldschmidtstraße 12, 04103 Leipzig, Tel. 0341 1270294
www.mendelssohn-stiftung.de
Unweit vom Gewandhaus befindet sich das Wohn- und Sterbehaus Felix Mendelssohn Bartholdys. Das Mendelssohn-Haus ist die letzte baulich erhalten gebliebene Privatadresse des hervorragenden Musikers und Komponisten. Das dort befindliche Museum wurde am 4. November 1997, zum 150. Todestag des Musikers, eröffnet und wird von der Felix-Mendelssohn-Bartholdy-Stiftung betrieben. Der spätklassizistische Bau aus dem Jahr 1844 bewahrt originale Substanz sowie Informationen über seinen prominentesten Bewohner.

Museum der bildenden Künste
Katharinenstraße 10, 04109 Leipzig, Tel. 0341 216990
www.mdbk.de
Im Herzen der Stadt und in spektakulärer Architektur zeigt das Museum der bildenden Künste Werke vom Spätmittelalter bis zur Gegenwart, unter anderem von Lucas Cranach (dem Jüngeren und dem Älteren),

Peter Paul Rubens, Caspar David Friedrich, Max Beckmann, Neo Rauch und Max Klinger. Auch Klingers bildhauerisches Hauptwerk, eine überlebensgroße marmorne Plastik von Ludwig van Beethoven hat hier einen Ehrenplatz. Um 1858 haben Leipziger Kaufleute, Verleger, Händler und Bankiers das Museum gegründet. Seitdem sind zahlreiche Sammler ihrem Beispiel gefolgt und haben es mit Schenkungen und Stiftungen bedacht.

Museum im Schumann-Haus

Inselstraße 18, 04103 Leipzig, Tel. 0341 3939620
www.schumann-verein.de/museum.html
Das Museum im Schumann-Haus ist in den ehemaligen Wohnräumen Robert und Clara Schumanns in der 1. Etage untergebracht. Die Ausstellung berichtet über das Leben und Wirken des Künstlerpaares. Mit zwei Hörstationen stellt Roberts Arbeitszimmer am historischen Ort seine Doppelbegabung als Musiker und Schriftsteller dar. Der originalgetreu restaurierte Schumann-Saal mit seinen feinen Wandverzierungen ist Teil des Museums und ein Kleinod unter den Konzertsälen in Leipzig und Umgebung. Hier finden zahlreiche öffentliche Veranstaltungen statt.

Museum in der Runden Ecke

Dittrichring 24, 04109 Leipzig, Tel. 0341 9612443
www.runde-ecke-leipzig.de
Die sogenannte „Runde Ecke" im ehemaligen Stasi-Bunker am Dittrichring ist ein Museum über die Geschichte, Struktur und Arbeitsweise des Ministeriums für Staatssicherheit in der DDR und beteiligt sich aktiv am gesellschaftlichen Diskurs über Diktaturen,

ihre Folgen sowie über Bürger- und Menschenrechte. Der Träger, das Bürgerkomitee Leipzig e. V., berät auch Opfer der SED-Diktatur.

Stadtgeschichtliches Museum
Böttchergäßchen 3, 04109 Leipzig, Tel. 0341 965130
www.stadtgeschichtliches-museum-leipzig.de
Das historische Gedächtnis der Stadt besteht aus einem Netzwerk von mehreren Museen in Leipzig. Zentrum ist der 2004 im Böttchergäßchen errichtete Neubau. Zu den meistbesuchten Zweigstellen gehört außerdem das Alte Rathaus, das in seinen Ausstellungen Objekte, Informationen und Kontexte des Stadtgeschehens von der Stadtwerdung Leipzigs im frühen Mittelalter bis zur Gegenwart präsentiert. Besonders sehenswert sind hier der große Festsaal, die Schatzkammer und die Ratsstube. Eine weitere prominente Außenstelle des Museums ist das Schillerhaus im Stadtteil Gohlis (Menckestraße 42), in dem der Dichter Friedrich Schiller 1785 lebte und am zweiten Akt des „Don Carlos" arbeitete, den „Fiesco" bearbeitete und die erste Fassung des Gedichts „An die Freude" schrieb.

Kulturelle Angebote

Gewandhaus
Augustusplatz 8, 04109 Leipzig, Tel. 0341 1270280
www.gewandhaus.de
Das 1981 eröffnete Konzertgebäude des Gewandhauses und zwei ebenfalls Gewandhaus genannte Vorgängerbauten an anderer Stelle sind seit 1781 Heimstätte des Gewandhausorchesters. Der Große Saal mit

amphitheatrischer Sitzanordnung bietet fast 2000 Besuchern und der Mendelssohn-Saal knapp 500 Besuchern Platz. Die hervorragende Akustik und das imposante Deckengemälde von Sighard Gille im Eingangsbereich machen einen Besuch unverzichtbar.

Kabarett academixer

Kupfergasse 2, 04109 Leipzig, Tel. 0341 21787878
www.academixer.com
Im Windschatten der Monumentalbauten des Augustusplatzes wie dem MDR-Hochhaus, dem Gewandhaus und der Oper, befindet sich im Keller des ehemaligen Messehauses Dresdner Hof in der Kupfergasse die Spielstätte der academixer. Sie gründeten sich 1966 als Studentenkabarett der Leipziger Karl-Marx-Universität, daher auch der von „akademisch" abgeleitete Name.

Kabarett Leipziger Brettl

Odermannstraße 12, 04177 Leipzig, Tel. 0341 9613547
www.leipzigerbrettl.de
Sachsens kleinste Solo-Bühne im Gambrinus wird vor allem von Touristen gern besucht. In den Sommermonaten gibt es auch Aufführungen im anliegenden Biergarten. Das 1979 gegründete Kabarett besticht mit seinen 49 Plätzen an Tischen mit seiner urigen Gemütlichkeit.

Kabarett Leipziger Pfeffermühle

Katharinenstraße 17, 04109 Leipzig, Tel. 0341 9603196
www.kabarett-leipziger-pfeffermuehle.de
Die Pfeffermühle wurde 1954 gegründet und gehört zu den ältesten und bekanntesten Kabaretts der deut-

schen Kleinkunstszene. Im Januar 2011 bezog die Pfeffermühle ihr neues Domizil in der Katharinenstraße 17 in Kretschmanns Hof – mitten im Herzen von Leipzig.

Kabarett-Theater SanftWut

Mädler-Passage, Grimmaische Straße 2–4,
04109 Leipzig, Tel. 0341 9612346
www.kabarett-theater-sanftwut.de
Das Kabarett Theater SanftWut in der Mädler-Passage öffnete 1997 seine Pforten. Gleichzeitig wurde es die Heimstatt des SanftWut-Ensembles, welches bis dahin im Hinterhoftheater Boccaccio sein Domizil hatte. Im Haus fanden unzählige Gastspiele bekannter Künstler statt. Das Theater wird oft als „das Musikalische" unter den Leipziger Kabaretts bezeichnet. Texte und Musik schreiben, komponieren und arrangieren die Künstler dabei immer selbst.

Krystallpalast Varieté

Magazingasse 4, 04109 Leipzig, Tel. 0341 140660
www.krystallpalast.de
Das Krystallpalast Varieté reiht sich in die Tradition des Krystallpalast-Komplexes ein, der in seiner Glanzzeit in seinen verschiedenen Sälen, Restaurants, Bars, Cafés, Salons und Biergärten 15 000 Personen fasste und dem Luftangriff am 4. Dezember 1943 zum Opfer fiel. Das heutige Varieté bietet in seinem Saal circa 200 Plätze und weitere 100 Plätze im angeschlossenen Restaurant. Alle zwei bis drei Monate wechselt ein internationales Varietéprogramm aus meist eigener Produktion. Seit seiner Gründung 1997 hat sich das Krystallpalast Varieté auch über die Region hinaus

einen Bekanntheitsgrad erarbeitet und überrascht mit immer wieder neuen Showideen.

Leipziger Central Kabarett
Markt 9, 04109 Leipzig, Tel. 0341 52903052
www.centralkabarett.de
Das „jüngste" unter Leipzigs Kabarett-Häusern überzeugt durch die perfekte Verknüpfung von anspruchsvollen Programmen und einer Gastronomie auf Spitzenniveau. Im historischen König Albert Haus, direkt am Leipziger Markt gelegen, hat sich das Central Kabarett von einem „Geheimtipp" zur festen Größe in Leipzigs Kabarett-Landschaft gemausert. Das stilvolle Ambiente und die gemütlichen Sitzplätze an Tischen stimmen den Besucher schon vor der Veranstaltung auf einen unterhaltsamen Abend ein.

Lofft – Das Theater
Lindenauer Markt 21, 04177 Leipzig,
Tel. 0341 35595510
www.lofft.de
Seit seiner Gründung hat sich das Lofft im Stadtteil Lindenau zu einem national und international anerkannten Koproduzenten, Veranstalter und Gastspielort für zeitgenössischen Tanz, post-dramatisches Theater und Performance Art in Leipzig entwickelt. Es arbeitet als Non-Profit-Organisation auf Basis eines eingetragenen, gemeinnützigen Vereins, der 1991 gegründet wurde.

Neues Schauspiel Leipzig

Lützner Straße 29, 04177 Leipzig, Tel. 0341 92799770
www.neues-schauspiel-leipzig.de
Das einladende Ambiente des Neuen Schauspiel Leipzig führt in einen idyllischen Hinterhof. Es bietet alles von Theateraufführungen, Gastspielen, Improshows über Konzerte und Clownerie bis hin zu Festivals und Puppentheateraufführungen.

Oper

Augustusplatz 12, 04109 Leipzig, Tel. 0341 12610
www.oper-leipzig.de
Das Opernhaus am Augustusplatz, 1960 als einziger Opernneubau der DDR eröffnet und inzwischen unter Denkmalschutz, steht in der Tradition von mittlerweile fast 320 Jahren Musiktheaterpflege in Leipzig. 1693 wurde das erste Opernhaus am Brühl als drittes bürgerliches Musiktheater Europas nach dem Teatro San Cassiano in Venedig und der Oper am Gänsemarkt in Hamburg eröffnet. Musikalische Schwerpunkte sind die Werke der deutschen und italienischen Romantik (Richard Wagner, Richard Strauss, Giuseppe Verdi, Giacomo Puccini etc.).

RevueTheater am Palmengarten

Jahnallee 52, 04177 Leipzig, Tel. 0341 2255172
www.palmengarten-leipzig.de
Das unter Denkmalschutz stehende Gebäude in der historischen Parkanlage Palmengarten wurde 1944 als Gastankstelle gebaut. Mit viel Aufwand wurde das Gelände im Stadtteil Lindenau zu einem Restaurant mit Kleinkunstbühne umgestaltet, wobei die Architektur der 1940er-Jahre-Tankstelle erhalten geblieben ist.

Schauspiel Leipzig

Bosestraße 1, 04109 Leipzig, Tel. 0341 1268168
www.schauspiel-leipzig.de
Bis zum Zweiten Weltkrieg war die Hauptspielstätte des städtischen Schauspiels das 1766 erbaute „Alte Theater" auf dem heutigen Richard-Wagner-Platz am Brühl. Die Hauptspielstätte liegt zentral in der Bosestraße, nicht weit von der Thomaskirche und dem Leipziger Markt entfernt.

Theater der Jungen Welt

Lindenauer Markt 21, 04177 Leipzig, Tel. 0341 486600
www.theaterderjungenweltleipzig.de
Das Theater der Jungen Welt ist eines der renommiertesten Kinder- und Jugendtheater Deutschlands. Es ist mit seinem alters- und spartenübergreifenden Programm das Stadttheater für Kinder, Jugendliche, junge Erwachsene und Familien. Mit rund 700 Vorstellungen pro Spielzeit ist es meistspielender Kulturbetrieb der Stadt.

Theater Fact

Hainstraße 1, 04109 Leipzig, Tel. 0341 9614080
www.theater-fact.de
Der kleine Theaterkeller im Barthels Hof existiert seit den 1990er-Jahren und wird von verschiedenen Förderern mit einer Summe von 10 000 Euro im Jahr bedacht. Hier werden Geschichten im Theater spannend erzählt, immer im dialektischen Verhältnis zwischen Lachen und Weinen.

Weitere Sehenswürdigkeiten

Alte Handelsbörse

Naschmarkt 1, 04109 Leipzig, Tel. 0341 2617766

www.stadtgeschichtliches-museum-leipzig.de

Die Alte Handelsbörse wurde im 17. Jahrhundert als repräsentativer Versammlungsort der Kaufleute im Stil des Frühbarock erbaut und ist Leipzigs ältestes Versammlungsgebäude der Kaufmannschaft und eines der ältesten Barockbauwerke der Stadt. Heute wird der Saal für musikalische und literarische Veranstaltungen, Vorträge, Tagungen, festliche Empfänge und private Feiern genutzt.

Alte Waage

Markt 3, 04109 Leipzig

Die Alte Waage ist ein teilweise nach historischem Vorbild rekonstruiertes Gebäude an der Nordseite des Leipziger Marktes. Es wurde im Jahr 1555 durch den Renaissance-Baumeister Hieronymus Lotter erbaut. Hier wurden die eingeführten Waren gewogen und verzollt. Im Keller befand sich die Ratsweinschänke, im Obergeschoss die Ratsherren-Trinkstube. Von 1661 bis 1712 war hier das Postamt untergebracht, von 1917 bis zur Ausbombung 1943 das Messeamt. Nach der totalen Zerstörung im Zweiten Weltkrieg wurde der Renaissancebau 1964 wiederaufgebaut. Heute findet man dort die Sonnenuhr Leipzigs und eine schmiedeeiserne Wetterfahne sowie die Versicherung „Alte Leipziger" und das Schnellrestaurant einer Fastfood-Kette.

Altes Rathaus

Markt 1, 04109 Leipzig, Tel. 0341 9651320

www.stadtgeschichtliches-museum-leipzig.de

Zu den schönsten Leipziger Bauwerken gehört das Alte Rathaus, das 1556 durch Hieronymus Lotter errichtet wurde und in dem sich bis 1905 der Sitz der Leipziger Stadtverwaltung befand. Heute beherbergt es einen Standort des Stadtgeschichtlichen Museums (siehe auch Stadtgeschichtliches Museum auf Seite 187).

Barthels Hof

Hainstraße/Fleischergasse, 04109 Leipzig

www.barthelshof.de

Der Barthels Hof ist ein historischer Gebäudekomplex und ehemaliger Messehof in der Leipziger Innenstadt. Er wurde 1747 bis 1750 von George Werner für den Leipziger Kaufmann Gottlieb Barthel als Bank- und Handelshaus errichtet. Früher wurde in dem sogenannten „Durchhof", der unter anderem Schutz vor Wind und Wetter bot, gehandelt und gehortet. In den 1990er-Jahren wurde der Barthels Hof aufwendig unter Denkmalschutzauflagen restauriert und saniert. Die besonders schönen Innenhöfe und Passagen hinter der barocken Fassade laden heute mit zahlreichen Geschäften und einem traditionellen Restaurant zum Einkaufen und Verweilen ein.

Baumwollspinnerei

Spinnereistraße 7, 04179 Leipzig

www.spinnerei.de

Die 1884 gegründete Baumwollspinnerei entwickelte sich binnen eines Vierteljahrhunderts zur größten

Kontinentaleuropas. Teile des zehn Hektar großen Werksgeländes am Rande des Leipziger Stadtteils Lindenau wurden saniert und werden heute als Galerien und Ateliers sowie gastronomisch genutzt.

Bayerischer Bahnhof

Bayrischer Platz 1, 04103 Leipzig, Tel. 0341 1245760

www.bayerischer-bahnhof.de

Der „Bayerische Bahnhof" ist eins der Wahrzeichen der Stadt. Der 1842 erbaute und damit älteste erhaltene Kopfbahnhof der Welt war einst Ausgangspunkt für rege Handelstätigkeit in der Region, wurde 2001 stillgelegt, wird heute als Restaurant und Veranstaltungsort genutzt und beherbergt eine Gosenschenke mit hauseigener Brauerei.

Bundesverwaltungsgericht

Simsonplatz 1, 04107 Leipzig, Tel. 0341 20070

www.bverwg.de

Seit 1895 diente das an die italienische Spätrenaissance und den französischen Barock erinnernde Gebäude dem Reichsgericht, dem obersten Gerichtshof des Deutschen Reiches. Die Sanierung des im Zweiten Weltkrieg zu einem guten Drittel zerstörten Gebäudes wurde mit der Eröffnung als Georgi-Dimitroff-Museum 1952 vorläufig abgeschlossen. Seitdem beherbergt das Gebäude verschiedene öffentliche Einrichtungen. 2002 wurde das Bundesverwaltungsgericht von Berlin nach Leipzig an den Simsonplatz verlegt.

City-Hochhaus

www.panorama-leipzig.de

Augustusplatz 9, 04109 Leipzig

Das City-Hochhaus wurde zwischen 1968 und 1972 erbaut und ist mit 142 Metern Höhe das zweithöchste Hochhaus der neuen Bundesländer. Früher zur Universität gehörend, beherbergt es heute unter anderem die Leipziger Tourismus und Marketing GmbH, den MDR und das Panorama-Restaurant „Panorama Tower – Plate of Art" in 110 Metern Höhe in der 29. Etage.

Deutsche Nationalbibliothek

Deutscher Platz 1, 04103 Leipzig, Tel. 0341 22710

www.dnb.de

Die Deutsche Nationalbibliothek hat mehrere Vorgängereinrichtungen: 1912 wurde die Deutsche Bücherei mit Sitz in Leipzig gegründet, 1946 die Deutsche Bibliothek Frankfurt am Main. Seit 1970 ist das in Berlin gegründete Deutsche Musikarchiv Teil der Deutschen Nationalbibliothek, seit Dezember 2010 ist es am Standort Leipzig angesiedelt. Es ist für die Bearbeitung und bibliografische Verzeichnung der Musikalien und Musiktonträger verantwortlich. Mit der Wiedervereinigung Deutschlands wurden die Einrichtungen in Frankfurt und Leipzig zu einer Gesamtinstitution vereinigt, die 2006 einen erweiterten gesetzlichen Auftrag und einen neuen Namen erhielt: Deutsche Nationalbibliothek.

Europahaus

Augustusplatz 7, 04109 Leipzig

Das Europahaus ist ein 13-geschossiges denkmalgeschütztes Bürogebäude mit siebengeschossigen Seitenflügeln am Innenstadtring. Das zweite Leipziger Hochhaus wurde 1928/29 als Gegengewicht zum Krochhochhaus von Otto Paul Burghardt erbaut.

Fregehaus

Katharinenstraße 11, 04109 Leipzig
Das Fregehaus wurde in den Jahren 1706/1707 vom Leipziger Ratsmaurermeister J. G. Fuchs für den Leipziger Kaufmann Gottfried Otto, der das Haus 1705 gekauft hatte, im Stil des Barock umgebaut. 1782 erwarb es der Bankier Christian Gottlob Frege II., bis 1945 beherbergte es die Privatbank. Seit 1978 war das Fregehaus der Sitz des VEB Leipziger Denkmalpflege, der das Haus von 1980 bis 1986 sanierte, heute ist hier ein Hotel untergebracht.

Gohliser Schlösschen

Menckestraße 23, 04155 Leipzig, Tel. 0341 589690
www.gohliser-schloss.de
Das Gohliser Schlösschen zu Leipzig gilt als Kleinod der sächsischen Kulturgeschichte. Bis heute hat sich die originale Bausubstanz erhalten und verbreitet Rokoko-Atmosphäre. Seine Räumlichkeiten werden für verschiedene Veranstaltungen genutzt.

Hauptbahnhof

Willy-Brandt-Platz 7, 04109 Leipzig
Der Leipziger Hauptbahnhof ist der größte Kopfbahnhof Europas. Das imposante Gebäude, durch das täglich 120 000 Reisende geschleust werden, wurde um 1900 konzipiert und 1915 eingeweiht. 1996 wurde das mittlerweile denkmalgeschützte Gebäude aufwendig zum Einkaufszentrum umgebaut. Auf drei Etagen ent-

standen mehr als 140 Einzelhandelsgeschäfte und Parkdecks für über 1000 Autos.

Königshaus

Markt 17, 04109 Leipzig

Das Königshaus ist ein historisches Gebäude in der Leipziger Altstadt, das um 1600 erbaut und 1706/1707 im barocken Stil aufwendig umgebaut wurde. Seinen heutigen Namen erhielt es 1904 mit der Umwandlung in ein vornehmes Geschäftshaus. Der Name erinnert an den sächsischen Kurfürsten und König von Polen August den Starken, der bei seinen Besuchen in Leipzig stets im Königshaus übernachtete.

Krochhochhaus

Goethestraße 2, 04109 Leipzig

Das 1927/28 erbaute Krochhochhaus am Augustusplatz gilt als das erste Hochhaus Leipzigs und ist dem Uhrturm am Markusplatz in Venedig angelehnt. Früher als Bank genutzt, zogen im September 2009 nach umfassender Sanierung das Ägyptologische Institut, das Altorientalische Institut mit einer Bibliothek sowie das Spracheninstitut der Universität ein. Seit Juni 2010 beherbergt das Gebäude auch das Ägyptische Museum der Universität Leipzig.

Mädler-Passage

04109 Leipzig

Die schönste und nobelste Einkaufspassage Leipzigs führt von der Grimmaischen Straße über eine Rotunde mit Glockenspiel zum Neumarkt. Kommerzienrat Anton Mädler kaufte 1911 den gesamten Komplex und errichtete hier ein elegantes Haus mit prächtiger Einkaufspassage im Biedermeierstil. Der historische „Auerbachs Keller" wurde in den Neubau integriert. Kaum ein Gebäude lässt die architektonische und historische Größe der traditionsreichen Messe- und Handelsstadt Leipzig noch heute so eindrücklich erlebbar machen wie die Mädler-Passage.

Mendebrunnen
Augustusplatz, 04109 Leipzig
Auf dem Augustusplatz befindet sich vor dem Gewandhaus die größte und zugleich prachtvollste Brunnenanlage des Leipziger Stadtgebiets. Der Mendebrunnen, dessen Mitte ein 18 Meter hoher Granit-Obelisk ziert, ist der einzig erhalten gebliebene Teil des alten Platzensembles. Namensgeberin war Marianne Pauline Mende, die der Stadt testamentarisch 150 000 Goldmark für den Bau eines Brunnens zur Verschönerung der Stadt spendete. Der Mendebrunnen wurde 1886 enthüllt.

Moritzbastei
Universitätsstraße 9, 04109 Leipzig
www.moritzbastei.de
Das historische Bauwerk ist der einzige erhaltene Teil der Stadtbefestigung von Leipzig. Das vorwiegend unterirdische Wehrsystem war 1554 von Hieronymus Lotter zum Schutz der Bürger im Fall einer Belagerung angelegt und nach dem Kurfürsten Moritz von Sachsen benannt worden. Seit den 1990er-Jahren wird es im Auftrag der Stiftung Moritzbastei als Kulturzentrum genutzt. In den 1970er-Jahren wurden die Reste der Bastei von Studenten entdeckt und mit Hilfe von 30 000 Studierenden wieder aufgebaut und als Club eröffnet.

Naschmarkt

Naschmarkt, 04109 Leipzig
Der Naschmarkt ist ein kleiner Platz in der östlichen Leipziger Innenstadt. 1556 angelegt, wurde hier zunächst Obst und Gemüse verkauft. Heute verwandelt er sich jährlich zu Weihnachten und zu Ostern in einen mittelalterlichen Handelsplatz, wenn auf ihm der „Mittelalterliche Markt" abgehalten wird. Besonders schön sind hier die Rückseite des Alten Rathauses, die Alte Handelsbörse mit ihrer Freitreppe, das Denkmal des Studenten Goethe und die Löwen vorn an der Grimmaischen Straße, aber auch der Handelshof.

Neues Rathaus (ehem. Pleißenburg)

Martin-Luther-Ring 4–6, 04109 Leipzig
www.leipzig.de
Das imposante Gebäude mit dem runden Turm (114 Meter hoch, höchster Turm in Leipzig) wurde zwischen 1899 und 1905 auf den Grundmauern der alten Pleißenburg errichtet, wo 1519 die Leipziger Disputation stattgefunden hatte, und beherbergt die Leipziger Stadtverwaltung. Im Stil des Historismus errichtet, zeichnet sich der monumentale Bau durch seine künstlerische Innengestaltung und seinen reichen Fassadenschmuck aus.

Panometer

Richard-Lehmann-Straße 114, 04275 Leipzig,
Tel. 0341 3555340
www.asisi.de
Im Ausstellungsgebäude Panometer sind wechselnde monumentale Panoramabilder des Künstlers Yadegar Asisi mit einer dazugehörigen Ausstellung zu bewun-

dern. Der Name des Bauwerks rührt daher, dass es sich
früher um ein Gasometer gehandelt hat.

Paulinum/Augusteum (Universitätskirche St. Pauli)

Neuer Campus Universität Leipzig, Augustusplatz,
04109 Leipzig

Die historischen Gebäude Paulinum und Augusteum
am Augustusplatz wurden im Rahmen des Campusneubaus der Universität Leipzig neu errichtet. Das Paulinum ist seit 2007 an der Stelle entstanden, an der am
30. Mai 1968 die im Zweiten Weltkrieg nur leicht
beschädigte Paulinerkirche, genau wie das Augusteum,
auf Veranlassung der SED-Führung gesprengt worden
war. Das angrenzende Augusteum ist seit dem Sommer-
semester 2012 in Benutzung. Ein gleichnamiger Bau am
selben Platz war im 19. Jahrhundert und bis zu seiner
Sprengung das Hauptgebäude der Universität. Der
Augusteum-Neubau ist an das historische Gebäude
jedoch nicht angelehnt, lediglich Standort, Name und
die Nachbarschaft zum Paulinum sind identisch.

Reclam Carrée

Inselstraße 22–24, 04103 Leipzig

Im Graphischen Viertel erinnert das Reclam Carrée an
die Blütezeit des früheren Verlagsviertels. Von 1890 bis
1992 war das imposante Gebäude mit Unterbrechun-
gen das Druckerei- und Verwaltungsgebäude des
Reclam-Verlags. Haupterwerbszweig war der Buchdruck, hier insbesondere der Druck der „Reclams Uni-
versal-Bibliothek" sowie deren weltweiter Vertrieb. In
den 1990er-Jahren wurde das Gebäude restauriert und
in einen Bürokomplex umgewandelt.

Romanushaus

Katharinenstraße 21–23, 04109 Leipzig
www.romanushaus.com
Das Romanushaus an der Ecke Brühl/Katharinen-
straße ist Leipzigs schönster Barockpalais. Das in den
Jahren 1701 bis 1704 erbaute Stadtpalais zählt zu den
Hauptwerken der von Dresden beeinflussten Leipziger Barockarchitektur. Früher als Bürgerhaus genutzt,
dient es heute als Geschäftshaus.

Sächsische Wollgarnfabrik

Zwischen Holbeinstraße/Nonnenstraße, 04107 Leipzig
Die Sächsische Wollgarnfabrik Tittel & Krüger war eine
Spinnerei und mit über 100 000 Quadratmetern
Geschossfläche Europas größter Gebäudekomplex der
Gründerzeit. Nur wenige Gebäude sind heute in dieser
Form als Industriedenkmal erhalten. In einem Teil des
Gebäudekomplexes entstanden bis 2013 die exklusive
Wohnanlage Venezia-Quartier mit Lifestyle-Wohnun-
gen und luxuriösen Penthäusern sowie das Apartment-
haus Elster Lofts.

Sowjetischer Pavillon/Achilleion Leipzig

Deutscher Platz 4, 04103 Leipzig
www.alte-messe-leipzig.de
Das Achilleion Leipzig ist eine 1923/24 erbaute, von
Oskar Pusch und Carl Krämer entworfene Messehalle,
die auch als Sportpalast genutzt wurde. Es befindet
sich auf dem Alten Messegelände, südöstlich der
Innenstadt in der Nähe des Völkerschlachtdenkmals
und der Deutschen Nationalbibliothek. Im Zweiten
Weltkrieg stark beschädigt, ist es seit dem Umbau als
Sowjetischer Pavillon (Messehalle 12) bekannt.

Speck's Hof
Reichsstraße 4, 04109 Leipzig
www.speckshof.de
Speck's Hof ist die älteste erhaltene Ladenpassage in Leipzig. Die Anlage nahe der Nikolaikirche steht beispielhaft für Leipzigs Messe- und Handelshäuser, die Anfang des 20. Jahrhunderts erbaut wurden. 1996 gewann die Passage auf der weltgrößten Immobilienmesse in Cannes den Preis für das schönste restaurierte Gebäude.

Städtisches Kaufhaus
Neumarkt 9–19, 04109 Leipzig
www.staedtisches-kaufhaus.de
Der Vorgängerbau des Städtischen Kaufhauses Leipzig entstand im 15. Jahrhundert als Gewandhaus der Tuchmacherinnung. Im 18. Jahrhundert folgte der Anbau eines Konzertsaals, in dem Mozart, Mendelssohn Bartholdy und Liszt auftraten. Um 1900 wurde an seiner Stelle das weltweit erste Mustermessehaus erbaut. Im Zweiten Weltkrieg stark zerstört, wurde in den 1980er-Jahren mit dem Wiederaufbau begonnen. In den 1990er-Jahren folgte dann eine Grundsanierung. Heute laden die historische Fassade, der idyllische Innenhof sowie Geschäfte und Restaurants zum Verweilen ein.

Universitätsbibliothek
Beethovenstraße 6, 04107 Leipzig, Tel. 0341 9730577
www.ub.uni-leipzig.de
Der Bestand der 1543 gegründeten Universitätsbibliothek umfasst circa fünf Millionen Bände. Im Zweiten Weltkrieg wurde sie schwer beschädigt und die erhal-

tenen Teile nur notdürftig repariert; fast ein halbes Jahrhundert fand der Bibliotheksbetrieb in einer (Teil-)Ruine statt. Erst in den 1990er-Jahren wurde die Bibliotheca Albertina wieder vollständig aufgebaut und sogar noch erweitert.

Denkmäler

Altes Bachdenkmal

Auf Höhe des Hauses Dittrichring 8, 04109 Leipzig

Das Alte Bachdenkmal in den Grünanlagen am Dittrichring nahe der Thomaskirche ist das weltweit älteste Denkmal für den Komponisten und Thomaskantor Johann Sebastian Bach. Auf einem mit Säulen geschmückten Pfeiler ruht ein hausförmiges Kapitell aus vier romanischen Bögen und jeweils einem Dreiecksgiebel, die ein mit einer Kreuzblume gekröntes Dach bilden. Gestiftet von Felix Mendelssohn Bartholdy, wurde es 1843 eingeweiht.

Grieg-Begegnungsstätte Leipzig

Talstraße 10, 04103 Leipzig, Tel. 0341 9939661

Zeit seines Lebens fühlte sich der bedeutendste norwegische Komponist Edvard Grieg mit der Stadt Leipzig auf besondere Weise verbunden. Hier hatte er nicht nur am Konservatorium Klavier und Komposition studiert, sondern er genoss auch bei zahlreichen späteren Besuchen in dieser Stadt das reiche Musikleben und pflegte den Umgang mit bedeutenden Komponisten und Interpreten. Die Begegnungsstätte in der Talstraße wahrt das Andenken Edvard Griegs und macht es mit einer Dauerausstellung zu seinem Leben und Wirken und einem vielfältigen Veranstaltungspro-

gramm inklusive Konzerten, Lesungen und Vorträgen
einem breiten Publikum zugänglich.

Faustdenkmal
Mädler-Passage, Grimmaische Straße 2–4,
04109 Leipzig
In der zwischen 1912 und 1914 errichteten Mädler-Pas-
sage stehen sich am Eingang zur Gaststätte „Auerbachs
Keller" zwei Bronzefigurengruppen gegenüber, die die
Kellerszene aus Goethes „Faust" nachstellen. Eine
Gruppe der von Bildhauer Mathieu Molitor geschaffe-
nen Figuren stellt Faust und Mephisto und die andere
die von Mephisto verzauberten Studenten dar.

Gellertdenkmal
Lenné-Anlage (inoffiziell Schillerpark), 04109 Leipzig
Das Gellertdenkmal, das 1909 zu Ehren des Schriftstellers Christian Fürchtegott Gellert im Schillerpark als
Kopie eines älteren nicht erhaltenen Denkmals aufgestellt wurde, ist ein Monument von fast vier Metern
Höhe, das von Adam Friedrich Oeser entworfen wurde
und einen Säulenstumpf mit geschmückter Urne und
drei Grazien sowie einem Bildrelief zeigt.

Goerdeler Arena/Goerdelerdenkmal
Martin-Luther-Ring 4–6, 04109 Leipzig
An den ehemaligen Oberbürgermeister und Gegner
der Nationalsozialisten Carl Friedrich Goerdeler erinnert unterhalb des Neuen Rathauses eine kleine
begehbare Arena. Goerdeler sollte nach dem Attentat
Graf von Stauffenbergs auf Hitler 1944 Reichskanzler
werden, wurde nach deren Scheitern zum Tode verurteilt und hingerichtet.

Goethedenkmal

Naschmarkt, 04109 Leipzig

Zur Ehrung des Dichters Johann Wolfgang von Goethe wurde 1903 auf dem Naschmarkt vor der Alten Handelsbörse ein bronzenes Denkmal aufgestellt, das den Dichter als Studenten zeigt. Goethe studierte von 1765 bis 1768 in Leipzig Jura und die Kneipenszene.

Holocaustdenkmal

Gottschedstraße/Zentralstraße, 04109 Leipzig

140 leere Stühle erinnern im belebten Viertel an der Gottschedstraße, auf dem Platz der ehemaligen Großen Gemeindesynagoge, an die fast 14 000 von den Nationalsozialisten ermordeten jüdischen Bürger Leipzigs und die zerstörte Synagoge. In der direkten Konfrontation mit der Alltagswelt liegt die Herausforderung und Chance dieses Ortes.

Kaiser-Maximilian-Denkmal

Städtisches Kaufhaus, Neumarkt 9–19, 04109 Leipzig

In einer Fassadennische des Städtischen Kaufhauses versteckt sich das Kaiser-Maximilian-Denkmal, das den deutschen König und späteren Kaiser des Heiligen Römischen Reiches Maximilian I. ehrt. Die 2,30 Meter hohe Bronzestatue wurde 1897 vom Leipziger Bildhauer Carl Seffner entworfen und von Christian Albert Bierling in Dresden gegossen. Anlass war der 400. Jahrestag der Verleihung des Messeprivilegs für die Stadt Leipzig im Jahr 1497 durch Kaiser Maximilian I.

Körnerdenkmal

Martin-Luther-Ring 7, 04109 Leipzig

Am ehemaligen Haus Dr. Wendlers, der dem Schriftsteller Theodor Körner 1813 nach einem Gefecht mit Napoleons Truppen auf der Flucht Unterschlupf gewährte, erinnert ein Gedenkstein an den jungen Dichter, der in Leipzig Jura studierte.

Leibnizdenkmal

Neuer Campus Universität Leipzig, Augustusplatz, 04109 Leipzig

Das 1883 eingeweihte Leibnizdenkmal im Leibnizforum auf dem neuen Campus der Universität erinnert an den 1646 in Leipzig geborenen und hier studierenden Mathematiker, Philosophen, Physiker, Politiker und Diplomaten Gottfried Wilhelm Leibniz. Die überlebensgroße Bronzefigur im Zeitkostüm schuf Ernst Julius Hähnel.

Mendelssohndenkmal

Dittrichring, 04109 Leipzig

Die bronzene Original-Statue zu Ehren des Komponisten und Gewandhaus-Kapellmeisters Felix Mendelssohn Bartholdy wurde 1892 vor dem Gewandhaus aufgestellt, 1936 von den Nationalsozialisten entfernt und wahrscheinlich während des Zweiten Weltkrieges eingeschmolzen. Seit 2008 steht eine originalgetreue Nachbildung des Denkmals vor der Thomaskirche.

Monarchenhügel

Zu seinem Namen kam der 160 Meter hohe Hügel im Leipziger Stadtgebiet während der Völkerschlacht, wo sich am 18. Oktober 1813 die drei verbündeten

Monarchen Kaiser Franz I. von Österreich, Zar Alexander I. von Russland und König Friedrich Wilhelm III. von Preußen mit ihren Stäben trafen und die Kampfhandlungen verfolgten. An dieses Ereignis erinnert seit 1847 ein Denkmal, ein auf einem Sockel ruhender Obelisk aus Sandstein.

Napoleonstein

Der Napoleonstein auf der Marienhöhe, der den Standort der ehemaligen Quandtschen Tabaksmühle markiert, von der aus Napoleon die Kämpfe der Völkerschlacht im Oktober 1813 beobachtet und geleitet hat, wurde 1857 eingeweiht.

Neues Bachdenkmal

Thomaskirchhof, 04109 Leipzig

Das Neue Bachdenkmal, das eine von Carl Seffner geschaffene Bronzestatue des Komponisten darstellt, befindet sich auf dem Thomaskirchhof südlich der Thomaskirche. Es wurde 1908 aufgestellt und unter anderem aus dem Nachlass des bekannten Leipziger Kaufmanns Franz Dominic Grassi finanziert.

Panzerspuren

Der Gedenkort Panzerspuren im Salzgäßchen erinnert an den Volksaufstand am 17. Juni 1953 in der DDR, bei dem die Bevölkerung eine Verbesserung der Lebensbedingungen, freie Wahlen und die Freilassung politischer Gefangener forderte. Die bronzenen Abdrücke zweier Ketten jener russischen T-34 Panzer, die damals durch die Innenstadt Leipzigs rollten, sind in die Steine der Fußgängerzone eingelassen. Der Aufstand wurde von der Sowjetarmee blutig niedergeschlagen.

Schillerdenkmal

Lenné-Anlage, (inoffiziell Schillerpark), 04109 Leipzig
Das zwischen Jugendstil und Expressionismus angesiedelte Schillerdenkmal aus weißem Marmor wurde 1914 zu Ehren des Schriftstellers Friedrich Schiller im Schillerpark eingeweiht.

Schumanndenkmal

Lenné-Anlage (inoffiziell Schillerpark), 04109 Leipzig
Das Schumanndenkmal im Schillerpark südlich der Moritzbastei wurde am 8. April 1875 als weltweit erstes Denkmal für den Komponisten Robert Schumann eingeweiht. Der circa 3 Meter hohe Obelisk mit quadratischem Grundriss besteht aus poliertem grauen Syenit und wurde vom Leipziger Architekten Bruno Leopold Grimm entworfen. Das Medaillon mit dem Porträt des Komponisten stammt von Heinrich Natter und wurde 1980 von Rolf Nagel nachmodelliert.

Völkerschlachtdenkmal

Straße des 18. Oktober 100, 04299 Leipzig,
Tel. 0341 2416870
www.stadtgeschichtliches-museum-leipzig.de
Der 91 Meter hohe Koloss wurde 1913 zum hundertjährigen Gedenken der Leipziger Völkerschlacht gegen Napoleon eingeweiht und steht mitten auf dem ehemaligen Schlachtfeld. Von Europas größtem Geschichtsdenkmal aus hat man einen phänomenalen Panoramablick auf Leipzig und die Umgebung.

Restaurants, Cafés und Kneipen

Auerbachs Keller
Mädler-Passage, Grimmaische Straße 2–4,
04109 Leipzig, Tel. 0341 216100
www.auerbachs-keller-leipzig.de
Die bekannteste Gaststätte in Leipzig war bereits im
16. Jahrhundert ein Weinlokal und besonders bei Studenten und Professoren der Universität geschätzt.
Auch Johann Wolfgang von Goethe war häufig zu seiner Studienzeit in Leipzig hier zu Gast und setzte dem
„Auerbachs Keller" mit seinem „Faust" ein ehrwürdiges und mittlerweile weltbekanntes Denkmal.

Bayerischer Bahnhof
Siehe Seite 195

Burgkeller
Naschmarkt 3, 04109 Leipzig
Der „Burgkeller" hat eine ähnlich lange Geschichte
wie die Stadt selbst. Das genaue Gründungsjahr ist
nicht bekannt, aber seine erste Erwähnung findet er in
einer Urkunde aus dem 15. Jahrhundert. Sicher ist,
dass der „Burgkeller" im 16. Jahrhundert hinter dem
alten Rathaus zu finden war und sich somit zwischen
dem Naschmarkt, der Reichsstraße, der Grimmaischen
Straße und dem Salzgäßchen befand. 1907 wurde der
„Burgkeller" abgerissen und durch ein neues Gebäude
ersetzt. Dort gab es bis 2008 wieder eine Gastwirtschaft
mit demselben Namen. Heute befindet sich an diesem
Ort das „Alex im Burgkeller".

Café und Konditorei Corso/Corsoela

Brüderstraße 6, 04103 Leipzig, Tel. 0341 9603111
www.corsoela.de
Das Traditionsunternehmen stellt seit 1912 Leipziger Lerchen und wunderbaren Christstollen her. Eine dritte Spezialität ist der handgefertigte Baumkuchen.

Drallewatsch

Die berühmt-berüchtigte Kneipenmeile „Dralle-watsch", deren Name auf Sächsisch „etwas erleben" bedeutet, wurde 1996 von zwei Dutzend Leipziger Wirten gegründet. Das Areal umfasst den Richard-Wagner-Platz und Burgplatz, den Matthäikirchhof, das Barfußgäßchen, die Klostergasse, den Thomaskirchhof und die Burgstraße. Hier treffen sich die Menschen und die Stühle der zahlreichen Bars, Kneipen und Gaststätten vermischen sich jeden Abend zu einem bunten Allerlei. Das von den Leipzigern scherzhaft als „Bermuda-Dreieck" betitelte Viertel kennt schon viele „Verschollene".

Falco – Gourmet-Restaurant & Bar

Gerberstraße 15, 04105 Leipzig, Tel. 0341 9882727
www.falco-leipzig.de
Im ersten Zwei-Sterne-Restaurant der neuen Bundesländer verwöhnt der Gourmet-Koch Peter Maria Schnurr seine Gäste in der 27. Etage des Hotels „The Westin Leipzig" mit Blick auf die Stadt. Über mehrere Monitore kann das brütende Falkenpärchen, Namensgeber des Restaurants, beobachtet werden.

Gosenschenke „Ohne Bedenken"

Menckestraße 5, 04155 Leipzig, Tel. 0341 5662360
www.gosenschenke.de
Die Gose ist eine säuerliche Biersorte, die ursprünglich aus Goslar stammt. Der Name leitet sich vermutlich von dem kleinen Harzflüsschen Gose ab, aus dem die Braumeister bereits im Mittelalter das Wasser zur Herstellung des Bieres bezogen. 1986 ließ der Leipziger Hochschullehrer und Designer Lothar Goldhahn in der Weißbierbrauerei des VEB Getränkekombinat Berlin wieder Gose nach alter Rezeptur brauen und eröffnete die sanierte Gosenschenke „Ohne Bedenken".

Kaffeehaus Riquet

Schuhmachergäßchen 1, 04109 Leipzig,
Tel. 0341 9610000
www.riquethaus.de
Das „Kaffeehaus Riquet" knüpft an alte Leipziger Traditionen an und verspricht mit einer abwechslungsreichen Karte und reichlich Kaffeesorten ein geselliges Beisammensein in einem den traditionellen Wiener Cafés nachempfundenen Ambiente. Das 1908/09 im Auftrag der Firma Riquet & Co. vom Architekten Paul Lange errichtete Jugendstilhaus gehörte seinerzeit zu den modernsten und zweifellos originellsten Neubauten Leipzigs. Die bis 1745 zurückreichende Handelstradition der Firma Riquet mit Ostasien und dem Orient setzte der Architekt auf einfallsreiche Weise um. Zwei die Eingangstür zum Kaffeehaus flankierende kupfergetriebene Elefantenköpfe stellen das Markenzeichen des Unternehmens dar.

Kultur-Café Alte Nikolaischule

Nikolaikirchhof 2, 04109 Leipzig, Tel. 0341 2118511

Erbaut 1511 und 1994 saniert, ist beim Umbau der alten Nikolaischule eine gelungene Kombination aus moderner, funktionaler Architektur und dem Renaissance-Bestand der ersten Schule Leipzigs gelungen. Das Kultur-Café, in dem zuweilen auch Jazzensembles aufspielen, besteht aus mehreren hintereinander gelegenen Gewölben, einem hohen Gastraum und einem Weinkeller. An den einfachen Holztischen wird sächsische Kartoffelsuppe mit Bockwurst und frischem Kraut oder marinierte Bauernsülze serviert.

Thüringer Hof

Burgstraße 19, 04109 Leipzig, Tel. 0341 9944999

www.thueringer-hof.de

Der „Thüringer Hof" ist ein traditionelles Gasthaus mit einer jahrhundertealten Geschichte. Hier hat unter anderem Martin Luther bei seinen Leipzig-Besuchen sein Bier genossen. 1993 wurde das alte Gebäude abgerissen und nach altem Vorbild wiederaufgebaut. In uriger Atmosphäre kann man hier traditionelles deutsches Essen genießen.

Zill's Tunnel

Barfußgäßchen 9, 04109 Leipzig, Tel. 0341 9602078

www.zillstunnel.de

Mitten im Gassenwinkel der Leipziger Altstadt liegt die historische Gaststätte „Zill's Tunnel". Im letzten klassischen Biertunnel der Stadt bewirtete man im Vorgängerhaus bereits seit 1785 seine zufriedenen Gäste, die den Tunnel an einem Ende betreten, im Tunnel ihr Bier getrunken und ihn am anderen Ende

wieder verlassen haben. Bei urig-sächsischer Gemütlichkeit werden typisch sächsische Gerichte, Biere und
Weine angeboten.

Zum Arabischen Coffe Baum

Kleine Fleischergasse 4, 04109 Leipzig,
Tel. 0341 9610061
www.coffe-baum.de
Das Kaffeehaus „Zum Arabischen Coffe Baum" zählt –
neben dem Café „Procope" in Paris – zu Europas ältes-
ten Kaffeeschänken. Seit 1720 wird hier nachweislich
Kaffee serviert. Zahlreiche Prominente besuchten das
Lokal regelmäßig, so trafen sich hier zum Beispiel seit
1833 Robert Schumann und weitere Musikerkollegen
zum Stammtisch. Das kultur- und kunstgeschichtliche
Baudenkmal ist seit seiner Sanierung in den 1990er-
Jahren wieder in seiner ursprünglichen Pracht erleb-
bar. Im 3. Stock befindet sich außerdem ein Kaffee-
Museum mit über 500 Exponaten von orientalischer
Küche bis hin zur Meissener „Blümchenkaffee"-Schale,
die ein eindrucksvolles Bild dieses einzigartigen
Getränks vermitteln.

Besonders schöne Ausblicke

City-Hochhaus

www.panorama-leipzig.de
Augustusplatz 9, 04109 Leipzig
Vom Panorama-Restaurant „Panorama Tower – Plate of
Art" in 110 Metern Höhe in der 29. Etage hat man einen
atemberaubenden Ausblick auf die Stadt. Auf dem
Dach des Gebäudes befindet sich eine öffentliche Aus-
sichtsplattform.

Neues Rathaus

Martin-Luther-Ring 4–6, 04109 Leipzig

www.leipzig.de

Von Montag bis Freitag können die 250 Stufen vom vierten Obergeschoss bis zum oberen Turmgang erklommen werden, um vom Turm des Neuen Rathauses den Blick über die Stadt zu genießen.

Nikolaikirche

Nikolaikirchhof 3, 04109 Leipzig, Tel. 0341 1245380

www.nikolaikirche.de

Der Hauptturm der Kirche ist mit einer Höhe von 88,5 Metern der höchste Kirchturm Leipzigs. Eine Turmbesteigung gehört zum Pflichtprogramm eines Leipzig-Besuchs.

Thomaskirche

Thomaskirchhof 18, 04109 Leipzig, Tel. 0341 222240

www.thomaskirche.org

Von April bis Ende November besteht die Möglichkeit zu Turmführungen. Außerdem ist der über 500 Jahre alte Dachstuhl der gotischen Thomaskirche zu sehen.

Völkerschlachtdenkmal

Straße des 18. Oktober 100, 04299 Leipzig,

Tel. 0341 2416870

www.stadtgeschichtliches-museum-leipzig.de

Von dem 1913 erbauten, 91 Meter hohen Denkmal hat man einen phänomenalen Panoramablick über die Stadt.

Feste und Festivals

Bachfest Leipzig
www.bachfestleipzig.de
Seit 1999 organisiert das Bach-Archiv im Auftrag der Stadt ein Bachfest. An den historischen Wirkungsstätten des Musikers finden jedes Jahr über 100 Veranstaltungen statt, von weltlichen und Kirchenkonzerten über Kammerkonzerte, Open-Air-Veranstaltungen bis zu Orgelfahrten.

Jüdische Woche
www.leipzig.de
Seit 1995 wird die Jüdische Woche von der Stadt Leipzig gemeinsam mit der Israelitischen Religionsgemeinde zu Leipzig und der Ephraim Carlebach Stiftung alle zwei Jahre ausgerichtet. Mehr als 40 Vereine und Institutionen gestalten und tragen das Programm und geben Einblicke in die Vielfalt der jüdischen Kultur in Vergangenheit und Gegenwart.

Leipziger Buchmesse
www.leipziger-buchmesse.de
Die Leipziger Buchmesse findet alljährlich im März statt. Sie hat den Charakter einer Publikumsmesse, die Begegnung zwischen Autor und Besucher steht im Vordergrund. Auf der Messe werden mehrere Preise verliehen: der Preis der Leipziger Buchmesse, der Leipziger Buchpreis zur Europäischen Verständigung und der Deutsche Jugendliteraturpreis. Um sich von der Frankfurter Buchmesse abzuheben, wird gleichzeitig ein Lesefestival veranstaltet.

Mendelssohn-Festtage

www.mendelssohn-preis.de/mendelssohn-festtage.html
Die Mendelssohn-Festtage sind 1997 aus den erfolgreichen Gewandhaus-Festtagen hervorgegangen. Seit 2006 trifft man sich Ende August/Anfang September in Leipzig, um den Komponisten und sein Werk mit Orchesterkonzerten, Chorsinfonik, Kammermusik und wissenschaftlichen Symposien näher zu beleuchten.

Passagenfest

www.passagenfest-leipzig.com
Alljährlich feiern die Passagen und Höfe Leipzigs im Herbst ein gemeinsames Passagenfest mit zahlreichen kulturellen und gastronomischen Angeboten.

Stadtfest Leipzig

www.leipzigerstadtfest.de
Das Leipziger Stadtfest begeistert jeden Sommer über 250 000 Besucher. An verschiedenen Orten der Stadt kann man Livemusik und ein jährlich wechselndes originelles Programm mit vielen Veranstaltungen genießen.

Wagner Festtage

wagner-festtage.com
Die Wagner Festtage finden seit 2006 immer um den Geburtstag des am 22. Mai 1813 in Leipzig geborenen Komponisten Richard Wagner statt. Mittlerweile haben sie sich fest im Musikleben der Stadt etabliert und sind mit ihrem jugendlichen, unkonventionellen Charakter neben dem Bachfest und den Mendelssohn-Festtagen ein jährlicher Höhepunkt der Leipziger Festivalkultur.

Wave-Gotik-Treffen
wave-gotik-treffen.de
Seit 1992 trifft sich in Leipzig jedes Jahr zu Pfingsten die alternative und schwarze Szene zu einem Musik- und Kulturfestival, auf dem neben einem vielfältigen Rahmenprogramm mehr als 100 Konzerte stattfinden.

Lesetipps

Bach, Ansgar: Literarisches Leipzig. 80 Dichter, Philosophen und Verleger. Wirken, Wohnorte, Schauplätze, Jena 2011.

Gretzschel, Matthias: Auf den Spuren von Martin Luther, Hamburg 2015.

Knopf, Sabine: Buchstadt Leipzig. Der historische Reiseführer, Berlin 2011.

Krausz, Tom/Sachsenweger, Matthias: Schönes Leipzig, Hamburg 2007.

Künnemann, Otto/Güldemann, Martina: Spaziergang durch das alte Leipzig, Gudensberg-Gleichen 2009.

Kunze, Reiner: auf eigene hoffnung. gedichte, Frankfurt am Main 2005.

Mundus, Doris: Musikstadt Leipzig. Ein Stadtrundgang, Leipzig 2011.

Mundus, Doris: Musikstadt Leipzig in Bildern, Band 1 und 2, Leipzig 2014.

Schröter, Oliver: 111 Orte in Leipzig die man gesehen haben muss, Köln 2012.

Schwarz, Peter: Das tausendjährige Leipzig, Band 1 und 2, Leipzig 2014.

Thierbach, Cornelia: Leipziger Notenspur, Altenburg 2009.

Personenregister mit Lebensdaten

219

Bildnachweis

bpk Bildarchiv Preußischer Kulturbesitz, Berlin: S. 7 (Hermann Buresch), 25 u., 28, 44, 66 o. (Kupferstichkabinett, SMB/Jörg P. Anders), 83 o. l. (Herbert Hoffmann), 83 o. r. (Bayerische Staatsbibliothek/Heinrich Hoffmann), 83 u. r., 95, 105 r., 117 l., 117 r., 118 + 131 (Staatsbibliothek zu Berlin), 123 o. (British Library Board/Robana), 130 r., 153 (Steffen Spitzner), 157, 164, 165 l., 165 r.

Bundesarchiv, Koblenz: S. 62 (Wittig; Schaar, Helmut), 119 l.

dpa picture-alliance, Frankfurt: S. 17 + 77 l. + 111 + 144 (akg-images), 71 (Heritage-Images), 86 o., 93 (Zentralbild/Universität Leipzig), 96, 97 + 99 + 100 + 149 u. (ZB/Waltraud Grubitzsch), 98 (Martti Kainulainen), 125 (ZB/Jan Woitas), 126 (Universität Leipzig), 127 (Jan Woitas), 149 o. (Jens Wolf)

fotolia: S. 33 (blickwinkel2511), 40 (draghicich), 91 (Stefan Gräf), 109 l. (kameraauge), 147 (eowyny)

huber-images.de: S. 8 + 14/15 + 18 + 30 + 36 + Titel Mitte u. (Reinhard Schmid), 10 + Titel o. l. (Mehlig), 12 + 48 + 75 (Szyszka), 27 (Colin Dutton), 31 r. (Krammisch)

iStockphoto: 29 + Titel o. r. (F. & T. Werner, Leipzig)

laif: S. 63 + Titel u. l. (Peter Hirth)

PUNCTUM: S. 9 (Wolfgang Zeyen), 13 l. (Anika Simon), 22 (Peter Franke), 35 (H.-P. Szyszka), 53 (Alexander Schmidt), 64 (Deutsche Post World Net), 124 (Alexander Schmidt), 155 (Stefan Hoyer), 13 r. + 23 + 26 r. + 32 + 41 + 43 + 45 + 49 + 55 + 73 + 80 + 84 + 101 + 103 u. + 107 r. o. + 107 r. u. + 109 r. + 135 + 137 + 139 + 141 + 159 + 162 o. +162 u. + 167 + 174 + 175 + 177 (Andreas Schmidt)

Staatsarchiv Hamburg: S. 129

Stadtgeschichtliches Museum Leipzig: S. 130 l. + Titel u. r.

Wikimedia Commons: S. 20, 21, 24 (Jungpionier), 25 o. + 171 (Martin Geisler), 26 l., 31 l., 37 (DerHHO), 38/39 (Bert), 42 + 46 + 47 (Appaloosa), 50 (Gbecker248), 51 (Manecke), 59 r., 66 u., 67, 68, 69, 70, 77 r., 78, 79, 81, 82 o., 82 u., 86 u., 87, 88 u., 89 u., 92o., 92 u. (Bundesarchiv, Bild 183-R45871/CC-BY-SA), 103 o., 104 o., 105 l., 106, 107 l., 108, 110, 112 (Schelm), 113, 119 r., 120, 121, 122 o., 122 u., 123 u. (Andreas Praefcke), 133, 136, 138, 140, 143, 145, 146, 150/151, 152, 154, 160 (Dr. Bernd Gross), 173

Sowie aus: Toma Babovic/Edgar S. Hasse: Leipzig, Hamburg 2005, S. 11, 57, 59 l., 60, 61, 65, 85, 88 o., 89 o., 104 u., 115, 142

Impressum

Bibliografische Information der Deutschen Nationalbibliothek
Die Deutsche Nationalbibliothek verzeichnet diese Publikation in
der Deutschen Nationalbibliografie; detaillierte bibliografische
Daten sind im Internet über http://dnb.d-nb.de abrufbar.

ISBN 978-3-8319-0606-2

© Ellert & Richter Verlag GmbH, Hamburg 2015

Wir danken der Leipzig Tourismus und Marketing GmbH für ihre
Unterstützung.

Texte: Matthias Sachsenweger, Landshut, und Luise Holste, Leipzig
Lektorat: Claudia Schneider und Svetlana Romantschuk, Hamburg
Korrektorat: Heike Golzer, Leipzig
Bildredaktion: Claudia Schneider, Hamburg
Kartografie: THAMM, Bosau (Kartengrundlage OSM, ODbL V1.0)
Lithografie: SMS Scheer Medien Service, Bremen
Titelgestaltung: BrücknerAping Büro für Gestaltung GbR, Bremen
Gesamtherstellung: CPI books GmbH, Leck

www.ellert-richter.de